Memory Power

Die Gebrauchsanweisung für Ihr Gehirn

Tony Buzan Wolfram Stanek

Memory Power

Die Gebrauchsanweisung für Ihr Gehirn

MIDENA

Die Deutsche Bibliothek – CIP-Einheitsaufnahme

Buzan, Tony
Memory Power: die Gebrauchsanweisung für Ihr Gehirn /
Tony Buzan; Wolfram Stanek. – Augsburg: Midena, 1999
ISBN 3-310-00634-1

Titel der Lizenzausgabe: Memory Power

Midena Verlag, Augsburg

Redaktion: Hubert Krenn, Wien
Umschlaggestaltung: Marion Kraus nach einer Vorlage von Peter Furian, Wien
Layout: Peter Furian, Wien
Illustrationen: Olga Golub, Georg Michael Thellmann, Wieland Baurecker
Satz: Gesetzt aus der Humanist 521 11/14 pt
Druck und Bindung: Franz Spiegel Buch GmbH, Ulm
Printed in Germany

ISBN 3-310-00634-1

Inhalt:

Einleitung

1. Die Geschichte der Gedächtnis-Techniken

Die Existenz des Menschen ist untrennbar mit der Verwendung des **Gedächtnisses** verbunden. So war für den homo sapiens der Urzeit ein gutes Erinnerungsvermögen für sein Überleben entscheidend. Er mußte wissen, welche Schlangen giftig und welche Früchte eßbar sind. Zudem durfte er nicht vergessen, wo er Werkzeug, Waffen und geheime Essensvorräte versteckt hatte oder wo sich gefährliche Sümpfe, Abgründe oder Treibsand befanden.

So betrachtet, wird schnell offensichtlich, daß ein gutes Gedächtnis nicht nur ein Mittel ist, um sich an Einkaufslisten und Prüfungsstoff zu

erinnern. Es kann eine Fähigkeit sein, die über Tod oder Leben entscheidet. Aus diesem Grund investierte die Menschheit bereits in der Vergangenheit viel Zeit und Energie, um effiziente Erinnerungsstrategien zu entwickeln.

Die ersten Gedächtnis-Techniken, die verwendet wurden, waren einfache Farb-Codes, Markierungen auf Felsen und Reime. Diese Methoden sollten vor allem dabei helfen, die Orte, an denen sich wichtige Dinge befanden, nicht zu vergessen.

Innerhalb weniger Jahrtausende entwickelten einige Kulturen Gedächtnis-Systeme, die auf Erzählungen, Liedern oder schriftlichen Aufzeichnungen beruhten. Diese Techniken sollten den Angehörigen der jeweiligen kulturellen Gemeinschaft dabei helfen, sich an die wichtigsten Informationen aus ihrer Geschichte und Religion sowie aus ihrer Umwelt zu erinnern. Zu den besonders gedächtnisorientierten Kulturen zählen beispielsweise jene der australischen Aborigines sowie die chinesische und die indische Kultur.

Die alten **Griechen** waren speziell an den Wechselwirkungen zwischen Gehirn und Körper interessiert sowie an den Beziehungen des Menschen zum gesamten, ihn umgebenden, Universum. Dadurch eröffneten sie auch neue Dimensionen für die Kunst der Erinnerung. Die Hellenen entwickelten erste Memorier-Systeme auf Basis von Listen und entdeckten die Grundprinzipien zur Verbesserung des Erinnerungsvermögens: die bildliche Vorstellung sowie das Herstellen von Verknüpfungen und räumlichen Anordnungen von Begriffen.

Nach den Griechen waren es dann die **Römer**, die die Gedächtnis-Techniken noch weiter verbesserten. Sie entwickelten das römische „Raum-System". Diese Methode beruht darauf, daß in der Vorstellung ein Haus geschaffen wird. Den einzelnen Zimmern und den darin enthaltenen Möbelstücken werden die Dinge zugewiesen, die erinnert werden sollen.

Erst im 17. Jahrhundert gewannen die Gedächtnis-Techniken wieder mehr an Bedeutung. Vor allem Künstler und Schauspieler entdeckten erneut, wie nützlich Erinnerungs-Systeme sein können. Neben der von William Shakespeare und Johann Wolfgang von Goethe angeführten „Renaissance des Denkens" wurde erstmals auch wieder eine neue Gedächtnis-Methode geschaffen.

Das **„Major-System"** war die erste Methode, die es erlaubte, Zahlen auf einfache Weise durch Buchstaben zu ersetzen. Dadurch stand nun eine Technik zur Verfügung, die theoretisch auf eine unbegrenzte Menge von Ziffern angewandt werden kann.

Mit dem Major-System kann jedes Wort in die ihm entsprechende Zahl umgewandelt werden und jede Ziffer in den ihr entsprechenden Buchstaben. Das Grundprinzip der relativ komplexen Methode besteht darin, die Zahlen von 0 bis 9 nach einem genau definierten Code durch bestimmte Buchstaben, vor allem Konsonanten oder Konsonantenverbindungen zu ersetzen.

Durch das Major-System wurden die Möglichkeiten der Anwendung von Gedächtnis-Techniken vervielfacht.

Über 300 Jahre lang gab es dann keine nennenswerten Verbesserungen im Bereich der Erinnerungs-Methoden. Bis dann in der Mitte des 20. Jahrhunderts das System der **Mind Maps**® entwickelt wurde. Diese äußerst vielseitig anwendbare Erinnerungstechnik wird zu Recht auch als eine Art „Schweizer Armeemesser für den Geist" bezeichnet. Sie ist ein Abbild der Funktionsweise des Gehirns und äußerst vielseitig für verschiedenste Lern- und Arbeitsprozesse anwendbar.

Eine nähere Beschreibung der Entwicklung von **Mind Mapping**® und der Anwendungsmöglichkeiten finden Sie im **Abschnitt IV: Mind Mapping®.**

Eine unvergeßlich schöne Zeit beim Lesen von „Memory Power" wünschen Ihnen

Tony Buzan und Wolfram Stanek

2. Hinweise zum Gebrauch dieses Buches

Ziel dieses Buches ist es, daß Sie schnell in die zentralen Gebiete der Gedächtnis-Technik eingeführt werden und Sie in möglichst kurzer Zeit die faszinierenden Möglichkeiten Ihres Gehirns optimal nutzen können. Durch **„Memory Power"** werden auch Sie den Weg zu Ihrem Supergedächtnis finden.

Das Buch unterteilt sich in 4 Abschnitte, wobei Wolfram Stanek Autor der ersten drei und Tony Buzan Autor des vierten Abschnittes ist.

Abschnitt I liefert in kompakter Form wichtige **Informationen** über Ihr Gehirn. Dabei soll aufgezeigt werden, daß Ihr Gedächtnis nur dann optimal funktioniert, wenn Sie körperlich und geistig gesund, mental aktiviert, motiviert, konzentriert sind und nicht vom Streß erdrückt werden. Erst dann können Sie Ihre Kreativität voll aufblühen lassen und Ihr unbegrenztes Gedächtnis für das zentrale Thema unserer Zeit „Lernen optimal zu lernen" nutzen.

Abschnitt II führt in die **Grundlagen der Mnemotechnik** ein. Es werden ausführlich optimale Verknüpfungs- und Anker-Systeme sowie Kombinationen und Erweiterungen behandelt. Außerdem werden „goldene" Brücken- und Struktur-Techniken für das Memorieren geübt. In diversen **Gedächtnistests** können Sie die Leistungsfähigkeit der vorgestellten Mnemotechniken ausführlich trainieren.

Abschnitt III behandelt Möglichkeiten **kreativer Major-Systeme,** mit denen Sie eine neue Dimension Ihrer Memorier-Fähigkeit erreichen und die Sie auf alle Bereiche Ihres Lebens anwenden können.

Abschnitt IV beschreibt, wie Sie besonders kreative **Mind Maps®** erstellen können. Diese Mind Mapping®-Methode ist eine Merk- und Notiz-Technik, durch die Sie Ihre Gehirnkapazitäten noch weiter vielfach steigern können. Diese Technik kann in Verbindung mit den in den vorigen Abschnitten erlernten Memorier-Systemen und Methoden ebenfalls auf alle Bereiche Ihres Lebens angewendet werden.

I. Information

„Learning how to learn is what it´s all about in the future."
John Naisbitt

Wir alle kommen mit einem unheimlich komplizierten **Biocomputer** zur Welt, doch meistens wissen wir nicht, ihn richtig zu bedienen. Die Schaltzentrale unseres Denkens, Fühlens und Handelns ist unser Gehirn. Unser Gehirn verfügt über unvorstellbar viele Nervenzellen, so vielen, wie es etwa Sterne in unserer Galaxie gibt – etwa hundert Milliarden. Jede dieser Nervenzellen (Neuronen) – die auf **„Reize"** reagieren und mit denen wir Signale empfangen, übermitteln und speichern können – ist jeweils mit unglaublich vielen anderen Zellen verbunden. Wenn wir diese Nervenzellen nicht – oder nicht richtig – miteinander kommunizieren lassen, werden wir immer von uns selbst glauben, ein schlechtes Gedächtnis zu haben. Alle diese Neuronen könnten aber gezielt immer wieder Tausende von neuen Beziehungen zum Informationsaustausch aufbauen. Damit ergeben sich so viele Schaltverbindungen in unserem Gehirn, wie es wahrscheinlich Sterne im ganzen Universum gibt.

Nach aktuellen wissenschaftlichen Erkenntnissen nutzt der Mensch durchschnittlich **nur ein Prozent** seines geistigen Potentials.

Häufig vergessen wir, daß wir unseren Körper auch so pflegen sollten, daß das Gewebe unseres Gehirns ausreichend mit Nährstoffen und Sauerstoff versorgt wird. Damit wir unser „Universum" im Kopf mit den zwei Gehirnhälften für alle Aufgaben unseres Lebens optimal nutzen können, müssen uns im Prinzip nur einige grundsätzliche Gehirnfunktionen und Einflüsse bewußt sein. Informationen dazu finden Sie in den nachfolgenden Kapiteln dieses Abschnitts. Wenn Sie immer nur mit Ihrer linken Gehirnhälfte arbeiten, wird Ihr Gedächtnis nie aufblühen können. Setzen Sie jedoch auch Ihre rechte Gehirnhälfte ein, dann sind Sie für das Thema unserer Zeit **„Lernen, optimal zu lernen"** bestens gerüstet.

Wenn Sie nicht **motiviert** sind, werden Sie kaum viel „aufnehmen" können.

1. Wie funktioniert unser Gehirn?

Unser Gehirn besteht aus zwei Hemisphären, der rechten und der linken. Die rechte Seite unseres Körpers wird von der linken Gehirnhälfte gesteuert, die linke Seite von der rechten. Faszinierend ist, daß beide Hemisphären nicht identisch sind und sie zur Lösung sehr unterschiedlicher Aufgaben vorgesehen sind. Bevor auf einige Details eingegangen wird, können Sie sich vorerst schon einmal einprägen, daß bei den meisten Menschen die linke Gehirnhälfte eher logisch und zahlenorientiert, die rechte Gehirnhälfte hingegen eher kreativ und bildhaft ausgerichtet ist. Aus der **Medizin** weiß man, daß beide Hemisphären selbständig arbeiten können, man kann sogar nur mit einer Gehirnhälfte „leben". Durch die linksseitigen Gehirnfunktionen können wir alle fakten- und datenorientierten Organisationen umsetzen. Speziell werden hierbei die Logik, Zahlen, Regeln, Listen, Sprache und die Analyse mit Einzelheiten unterstützt.

Versuchen Sie doch mit einem Kind „Memory" zu spielen. Sie werden Ihr „Wunder" erleben.

Gibt es uns nicht zu denken, wenn sich in mehrsprachigen Grenzgebieten die Kinder problemlos in allen Sprachen unterhalten können?

Viele Menschen beanspruchen nur die **linke Gehirnhälfte,** da sie im Laufe der Schulzeit und während der Ausbildung in der Regel die rechte Gehirnseite total verkümmern ließen. Viele Kinder hingegen denken – bevor sie in die Schule kommen – in erster Linie mit der rechten Gehirnhälfte.

Durch die **rechtsseitigen Gehirnfunktionen** können wir alle konzeptionellen Arbeiten kreativ angehen und mit Phantasie zu neuen Erkenntnissen kommen – eine „Erleuchtung" haben. Das Denken in Bildern, die Raumwahrnehmung, Farben und Rhythmus, das Zusammenfügen von Einzelheiten in einer Synthese, das Planen in großen Zusammenhängen, das Wachträumen und damit auch jede kreative Entfaltung werden unterstützt. Um unser Gehirn optimal ausnutzen zu können, müssen beide Gehirnhälften ihre Funktionen gemeinsam erfüllen. Und dafür gibt es in unserem Gehirn auch eine Hauptverbindung zwischen beiden Hemisphären über einen sogenannten **Balken** mit unzähligen Nervenfasern.

Diese Gegenüberstellung der linken und rechten Hemisphären-Funktionen bezieht sich auf alles, was mit **Denken** („cerebral") zu tun hat. Eine besonders wichtige Komponente, die alle Gehirnfunktionen entscheidend beeinflussen kann, fehlt jedoch noch – die **Emotionen**. Durch positive Gefühle und harmonische zwischenmenschliche Beziehungen können Sie im wahrsten Sinne des Wortes zu gedanklichen Höchstleistungen „beflügelt" werden. Sind Sie jedoch betrübt, wütend oder gestreßt, können **Denkblockaden** aufgebaut werden, sodaß Sie möglicherweise zu keinem vernünftigen Gedanken mehr fähig sind. Für alle emotionalen Reaktionen ist das sogenannte **limbische System** im Zentrum unseres Kopfs in Verbindung mit einem Teil des Hirnstamms und dem Zentralkern des Thalamus („Tor des Bewußtseins") verantwortlich.

Ihr Gehirn funktioniert im Sinne von „Memory Power" am besten, wenn Sie sich als erste kleine Gedächtnisübung die hinter den einzelnen Buchstaben von **BRAIN** (engl. Gehirn) verborgenen Begriffe merken: **B**ilder, **R**ichtig verknüpfen, **A**lle Sinne einsetzen, **I**magination (Einbildungskraft und Phantasie) sowie **N**umerieren. Dazu aber mehr im Abschnitt II.

2. Motivation und Konzentration

„Wer ein schlechtes Gedächtnis hat, wird nicht umhin kommen, seine Fehler zu wiederholen.“

(indische Weisheit)

Motivation und Konzentration sind eng miteinander verknüpft. Wenn uns etwas nicht interessiert, sind wir nicht motiviert, uns damit zu beschäftigen. Wenn wir uns nicht **motivieren,** uns auf eine bestimmte Thematik zu konzentrieren, dann können wir uns nichts oder nur wenig merken. Folglich können wir auch nichts dazulernen und attestieren uns zum Schluß selbst, daß wir ein schlechtes Gedächtnis haben. Am besten fragen wir uns immer: „Wofür sollen wir uns motivieren?“ Haben wir ein Ziel vor Augen, dann können wir uns darauf konzentrieren.

Auf der nebenstehenden **Bedürfnispyramide,** nach dem amerikanischen Psychologen **Maslow** benannt, sind unsere 5 zentralen Motivationsebenen skizziert. Die unterste Stufe ① weist auf physiologische Grundbedürfnisse, die beiden obersten auf „Ich-Bedürfnisse“ ④, wie etwa Wertschätzung, Leistung, Ruhm, Stärke, Macht und das Bedürfnis auf Selbstverwirklichung ⑤, „Was ein Mensch sein kann, muß er sein!“, hin. Die beiden restlichen Stufen ② und ③ sprechen für sich. Versuchen Sie anhand der Grafik sich selbst über Ihre augenblickliche Motivations-Ebene – es können auch mehrere, aber nicht alle gleichzeitig sein – klar zu werden.
In allen Stufen müssen Sie lernen, mit **Menschen** (Namen und Gesichter), **Finanzen** (Zahlen und Daten), **Erfolg** (auch Wissen ist Macht) usw. umzugehen. Wenn Sie sich konzentrieren wollen, dann lassen Sie sich bitte nicht ablenken. Schärfen Sie alle Ihre Sinne, indem Sie sich etwa auf die Stimme oder spezielle Merkmale einer bestimmten Person oder eines Zeitungsausschnittes konzentrieren.

Warum entsprechen die 3 Objekte der unteren Grafik der Elfe?

Lösung: 5 + 2 + 4 = 11

5
MACHT
4
FREUNDE + PARTNER
3
SOZIALE SICHERHEIT
2
GRUND = BEDÜRFNISSE
1

3. Streß und Gedächtnis

Laut einer Focus-Umfrage im Jahr 1996 fühlen sich 56 % aller Deutschen gestreßt, 70 % aller Krankheiten sind streßbedingt und 60 % der Gestreßten wissen nicht, wie Sie den Druck reduzieren sollen.

Sie können noch so motiviert sein, wenn Sie vom **Streß** erdrückt werden, klappt nichts. Angst, Hektik, Druck und Mißerfolgserwartungen in allen Lebensbereichen führen in unserem Körper zur Freisetzung von Streßhormonen. Diese aktivieren den Organismus für körperliche Höchstleistungen, blockieren jedoch alle höheren Denkprozesse. **Bei unerträglichem Streß versagt Ihr Gedächtnis,** Sie sind deshalb nicht mehr in der Lage zu lernen, Sie sind geistig „gelähmt“ und erleben zum Beispiel in Prüfungen das berühmte **„Black Out“.**

Viele Menschen setzen sich im Alltag Streßsituationen aus, die man mit einfachen Mitteln vermeiden kann. Zwei der häufigsten „hausgemachten“ Streßfaktoren sind **„falsches Lernen“** und **„falsches Zeitmanagement“.** Wer nicht weiß, wie das Gehirn Information aufnimmt, verarbeitet und abruft, weiß im Schnitt nach 24 Stunden nur noch 20 % davon. Diese Tatsache erzeugt nicht selten unerträglichen Streß. Viele Menschen lernen ohne ausreichenden Erfolg.

Obwohl Sie vielleicht wirklich motiviert und konzentriert sind, kann das Lernen auch dann nicht optimal klappen, wenn Sie nicht nach spätestens 90 Minuten eine **Pause** einlegen. Denn durch „ununterbrochenes“ Arbeiten manövrieren Sie sich schon wieder in die nächste Streßphase. Es ist zwar wichtig, daß Sie lernstoffabhängig in bestimmten Abständen Ihre Themen wiederholen, zum Beispiel nach einer Lerneinheit, nach einem Tag oder nach einer Woche. Grundlegend jedoch ist, daß Sie diesen Lernstoff auch für Ihr Gedächtnis „speicherfähig und abrufbar“ aufbereitet haben. Wichtig ist, daß Sie sich vor einem streßfreien Lernen – und danach – auch entspannen. Das können Sie durch Methoden, wie Autogenes Training, Meditation oder durch langsame Musik erreichen. Mit diesen Methoden werden sich Ihre Gehirnfrequenzen reduzieren. Sie entspannen sich dabei nicht nur, sondern Ihre Merkfähigkeit kann dabei auch um das Vielfache steigen. Sie erzeugen sich oft auch durch eine falsche Lernzeit zuviel Streß.

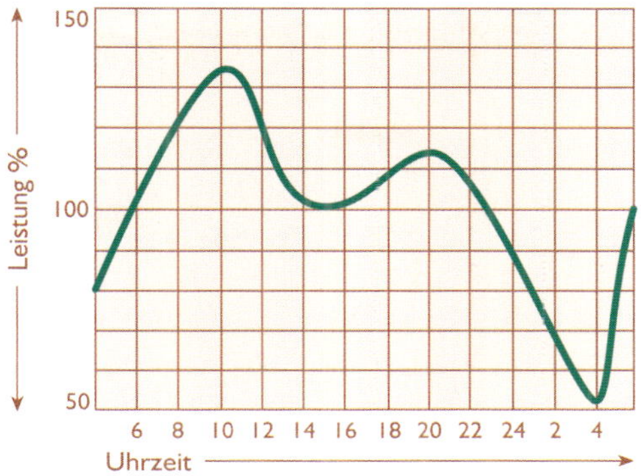

Zu den Streßfaktoren zählen auch die sogenannten **„Zeitdiebe".** Fragen Sie sich doch, ob Sie am Tag nicht zu viele Telefonate führen, Besucher, Besprechungen, Papierkram haben usw. Wenn das zutrifft, ist wiederum Streß vorprogrammiert. Keine „Memory Power"!
Der Schlüssel für ein erfolgreiches Zeitmanagement liegt darin, den geplanten Aktivitäten eine eindeutige Priorität zu verleihen, indem Sie diese in einer **ABC-Analyse** nach **A**-Aufgaben (wichtig, nicht delegierbare Aufgaben), **B**-Aufgaben (durchschnittlich wichtig) und **C**-Aufgaben (Routine, Papierkorb) unterteilen. Betrachten Sie bitte die Grafik einer durchschnittlichen Zeitver(sch)wendung:

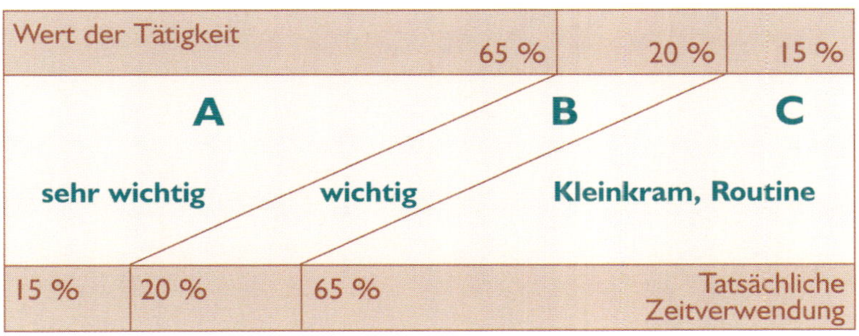

So arbeiten wir häufig falsch!

A = A-Aufgaben
B = B-Aufgaben
C = C-Aufgaben

Wenn Sie wirklich Ihre Gedächtnisleistung verbessern wollen, dann sollten Sie für die nächsten Stunden, Tage oder Wochen das Buch zu einer **A**-Aufgabe machen. Danach werden Sie Ihre Gedächtnis-Möglichkeiten und Leistungsfähigkeit wesentlich gesteigert haben. Ihr Arbeitsstreß wird dann mit Sicherheit minimiert.

4. Fitneß und Gedächtnis

Das englische Wort „Brain" steht auch für Geist, Verstand, Intelligenz und Fähigkeiten. Von vielen Menschen wird meistens vergessen, daß sie die in ihnen schlummernden Fähigkeiten nur dann optimal entfalten können, wenn ihre **körperliche und geistige Fitneß eine Einheit** bildet. Deshalb ist es auch notwendig, daß wir uns ausreichend bewegen, damit unser Kreislauf in Schwung kommt und unser Gehirn richtig durchblutet wird. Versuchen Sie doch bitte in diesem Zusammenhang mit dem Buchstaben **„B"** nicht nur „Bilder", sondern auch **„Bewegung"** so plastisch miteinander zu verbinden, daß Sie es nie mehr vergessen.
An dieser Stelle wird nun behauptet, daß Sie – ob alt oder jung – durch eine konsequente Umsetzung des **ABCDE-Modells** viele Jahre länger leben, geistig leistungsfähiger und zufrieden sein können.

A RZT, ARZNEIMITTEL

B EWEGUNG

C EREBRALES TRAINING

D IÄT

E MOTION

A für **Arzt**. Hören wir auf unseren Körper? Haben wir ausreichend Schlaf? Erstickt uns der Streß? Arzneimittel können beruhigen, hemmen, blockieren oder geistige Leistung fördern.

B für **Bewegung**. Wahrscheinlich werden Sie bei diesem Buchstaben zu der Erkenntnis kommen, daß Sie in Ihrem Leben zu wenig Bewegung haben und Abhilfe schaffen müssen. Wissen Sie, daß Sie im

Stehen besser denken und bei leichter Bewegung geistig leistungsfähiger sind? Haben wir regelmäßig Sport? Heute schon „geschwitzt"?

C für **Cerebrales Training**. Vielleicht haben Sie schon von Tests gehört, bei denen ein drastischer Intelligenzschwund bei Menschen nach einem nur einige Wochen dauernden Urlaub oder Krankenhausaufenthalt nachgewiesen wurde. „Fordern" wir uns deshalb immer (aber mit Pausen!) im Beruf und auch in der Freizeit!

D für **Diät**. Eventuell fällt Ihnen bei diesem Buchstaben ein, daß Sie zuviel auf einmal, nicht ausgewogen oder viel zu spät essen. Belasten wir unseren Körper mit zu vielen Kilos und zu vielen Giften?

E für **Emotionen**. Nur wenn auch unsere Gefühlsebene in Ordnung ist, sind wir motiviert etwas zu tun und geistig leistungsfähig zu sein.

Um unser Leben lange und leistungsfähig zu gestalten, sollten wir unbedingt versuchen, immer unser **ABCDE** beieinander zu haben.

Nachfolgend die Kurve der geistigen Leistungsfähigkeit der meisten Menschen in Abhängigkeit vom Alter und von den Emotionen.
Es zeigt, daß Sie mit dem ABCDE-Modell Ihre geistige Leistungsfähigkeit bis ins hohe Alter steigern können!

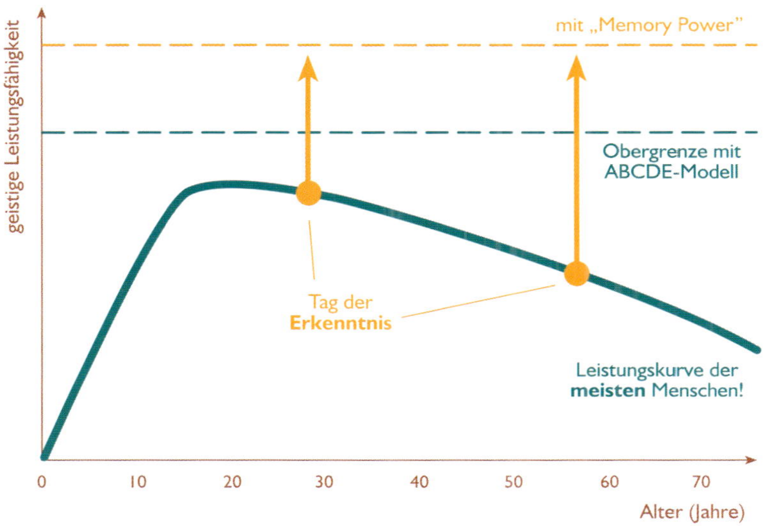

5. Kreativität und Gedächtnis

Kreativität:
Die schöpferische Kraft und Fähigkeit im Handeln und Denken. Dazu gehört auch der Wille, sich über bestehende Vorstellungen hinaus zu bewegen. Ein wesentliches Merkmal dafür ist das Aufspüren neuer Problemlösungen.

Hören wir das Wort „Kreativität“, assoziieren wir oft sofort das Wort „Genie“ und dann denken wir häufig an Albert Einstein, Leonardo da Vinci oder vielleicht auch an Bill Gates. Alle Genies zeichnen sich durch kreative Gedanken, Handlungen oder Produkte aus, die neu, unerwartet, überraschend waren oder sind. In diesem Sinne kann jeder Mensch in seinem beruflichen, aber auch privaten Umfeld „genial aktiv“ sein. In diesem Buch können Sie Ihre Kreativität in vielfältiger Form trainieren. Sie werden ständig angeregt, neue einprägsame Bilder zu finden oder zu erfinden und diese zu verknüpfen. Beim Memorieren sind permanent Ihre Assoziationsmöglichkeiten und Fähigkeiten gefordert, Querverbindungen zwischen Bekanntem und Unbekanntem zu schaffen – ein wesentliches Merkmal jeder kreativen Problemlösung. Diese Fähigkeit setzt aber gleichzeitig voraus, daß Sie ein gutes Langzeitgedächtnis haben müssen – das Sie sich mit Hilfe von „BRAIN POWER“ auch aneignen können. Neben kreativen Verknüpfungen und plastischen Bildschöpfungen erfordert das fortgeschrittene Memorieren auch, daß Sie sich selbst Gedächtnissysteme auf Ihre Denk-Struktur anpassen und innovativ verändern.

Zeichnen Sie bitte in 60 Sekunden ein aussagekräftiges Bild in das Feld, das Sie an Ausgrabungen und Altertümer erinnert!

Bilden Sie bitte in 60 Sekunden aus den Buchstaben des Wortes KREATIV 6 neue Wörter (Beispiel: VITA = Leben)!

6. Lernen und Gedächtnis

Richtiges Lernen ist die Basis für einen entsprechenden Erfolg in der Schule, der Aus- und Weiterbildung, im Studium, im Beruf und – häufig vergessen – auch für Ihr privates Leben. Nutzen wir unser unbegrenztes Gedächtnis richtig, dann wird Lernen zum Spaß und zum „Kinderspiel". Bei unseren oft zu langen Ausbildungs- und Studienzeiten wird nicht selten von den Lernenden und manchmal auch Lehrenden „vergessen", daß die zentrale Basis für optimales Lernen unser Gedächtnis ist. Diese Tatsache zieht sich wie ein roter Faden von der Schule über Ausbildung und Studium bis in den Beruf hinein. In den Unternehmen selbst sind nachträgliche Qualifizierungsmaßnahmen für die eigenen Mitarbeiter notwendig, um wirtschaftlich bestehen zu können.

Unsere (Aus-)Bildung sollte auf folgenden 4 Säulen beruhen:

1. **„Lernen für das Leben":** Gedächtnis, Phantasie, logisches Denken, körperliche Fähigkeiten, Sinn für Ästhetik und Kommunikation.
2. **„Lernen, um Wissen zu erwerben":** Die ausreichend breite Allgemeinbildung ist der Schlüssel zu einem lebenslangen Lernen.
3. **„Lernen zu handeln":** Man sollte seine Arbeit nicht nur schematisch tun, sondern mit unterschiedlichen Situationen, Problemstellungen usw. fertig werden und zur Teamarbeit fähig sein.
4. **„Lernen zusammenzuleben":** Die Menschen müssen Verständnis für ihre Mitmenschen, für ihre Geschichte, Tradition und geistigen Werte entwickeln.

Im UNESCO-Bericht von 1997 „Lernfähigkeit: Unser verborgener Reichtum" wird gefordert, daß „Menschen sich auf ein lebenslanges Lernen einstellen müssen", um vor allem wirtschaftlich überlebens- und konkurrenzfähig bleiben zu können.

Arbeiten Sie Ihrem Lerntyp entsprechend und schneiden Sie jeden Lernstoff darauf zu.
Da die meisten Menschen unterschiedlich ausgeprägte **„Mischtypen“** sind, versuchen Sie deshalb parallel Ihre weniger ausgeprägten Lern- und Gedächtnistypen auszubauen und zu verstärken.
Ihr Streßtyp ist eng mit Ihrem Lern- und Gedächtnistyp verknüpft.

1. Überprüfen Sie, welcher Lerntyp Sie sind!

Visueller Typ	Sie nehmen Informationen bzw. alles was Sie sehen, in **Bildern** auf.
Auditiver Typ	Sie reagieren vor allem auf **Sprache** und **Klänge**.
Motorischer Typ	Sie verarbeiten alles am besten, wenn Sie etwas selbst mit Ihrem Körper, den Beinen, den Armen, den Fingern **tun** oder **spüren**.
Emotionaler Typ	Sie erfassen vieles über Empfindungen, Wellenlängen, Klima, Atmosphäre und Gemütsbewegungen.

2. Überprüfen Sie, welcher Gedächtnistyp Sie sind!

Gegenwärtig werden vier Gedächtnisarten diskutiert:

Semantisches Gedächtnis:	Wissenssystem für Schulwissen, semantisch-grammatikalische Kenntnisse, Wissen um generelle Zusammenhänge
Episodisches Gedächtnis:	Persönliche, größtenteils singuläre Ereignisse und Erlebnisse, bestimmte Fakten
Prozedurales Gedächtnis:	Mechanische, motorische und verinnerlichte Fertigkeiten, Handlungsabläufe (z.B. Schifahren)
Priming-Gedächtnis:	Erleichtertes Erinnern von ähnlich erlebten Situationen, allgemeinen Sinneseindrücken oder früher wahrgenommenen „Reizmustern“ (Zimmerpalme erinnert z. B. an Ihren letzten Sandstrandurlaub)

3. Überprüfen Sie, wie lange Informationen im Gedächtnis bleiben sollen!

Mit unserem sensorischen **Ultrakurzzeit-Gedächtnis** (Information wird zirka eine Sekunde gespeichert) können wir alle begonnenen Handlungen, wie etwa Lesen von Wort zu Wort, fortsetzen.
Mit dem **Kurzzeitgedächtnis** können wir zirka **sieben Informationen gleichzeitig aufnehmen** und etwa 20 Sekunden behalten. (Sehen Sie sich eine Telefonnummer kurz an. Wie schnell haben Sie sie vergessen?)
Das **mittelfristige Gedächtnis** kennt jeder aus seiner Schulzeit. Auf Prüfungen hin „gepaukt", war der Lernstoff noch da, doch spätestens nach einigen Tagen war vieles davon nicht mehr abrufbar. Auch hier setzt „Memory Power" an, um die **Information in Ihr Langzeitgedächtnis** zu bringen.

4. Nach maximal 90 Minuten Lernen eine Pause einlegen!

Die Vergessenskurve:

1 = bei untrainiertem Gedächtnis

2 = "Normales Lernen" mit Wiederholungen nach einem Lernblock (Dauer 30 min.), einem Tag, einer Woche und einem Monat

3 = „BRAIN POWER-aufbereiteter Lernstoff" (einmal gelernt, oft für immer behalten)

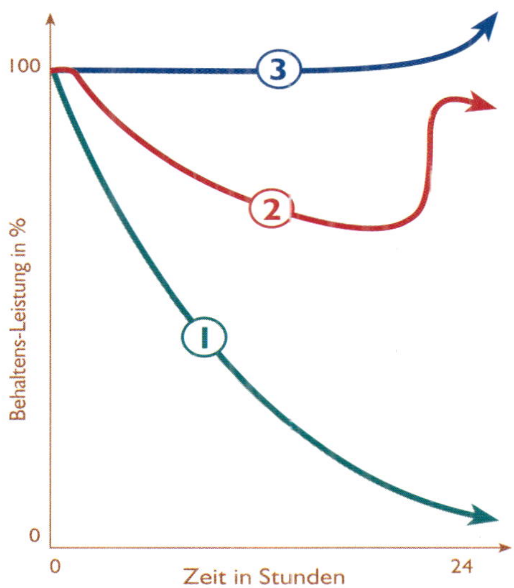

RTL
O. Golub

II. Mnemotechnik Grundlagen

„Ein Kopf ohne Gedächtnis ist eine Festung ohne Besatzung."
Napoleon I.

Schon die Griechen erkannten die große Bedeutung des Gedächtnisses, indem sie eine eigene Gottheit dafür schufen. **Mnemosyne**, in der griechischen Mythologie die Göttin des Gedächtnisses, war die Tochter des Zeus und die Mutter der Musen. Vom Namen dieser Göttin leitet sich das Wort Mnemotechnik ab, das alle Memoriertechniken, das heißt alle Merk- und Lernhilfen, umfaßt.

Mit Hilfe dieser Methode gelang es bereits römischen Senatoren, sich unzählige Informationen einzuprägen und sie in langen Reden und Vorträgen wiederzugeben.

Einige Politiker, Manager oder Personen des öffentlichen Lebens unserer Zeit beherrschen diese Kunst ebenfalls.

Bei gezieltem Einsatz dieser Techniken können wir alle unsere Lern- und Gedächtnisleistungen für jeden Lebensbereich schlagartig ver-x-fachen. Jeder gesunde Mensch hat die Möglichkeit, sein „Superhirn" zur Entfaltung zu bringen. Die meisten sind sich jedoch gar nicht bewußt, daß sie das können.

Lassen Sie sich von den unbegrenzten Möglichkeiten überraschen!

Schon während der nächsten Kapitel werden Sie in der Lage sein, viele Begriffe, lange Listen, Daten, Fakten und Zahlen problemlos zu lernen und zu memorieren.

1. Gedächtnis-Fundament „BRAIN“

Das englische Wort **BRAIN** steht bekanntlich nicht nur für Gehirn, sondern auch für Geist, Verstand und Intelligenz. Seien Sie von Ihren unbegrenzten geistigen Möglichkeiten überzeugt!

Wenn Sie die mit den Buchstaben von BRAIN verknüpften Hintergründe in Fleisch und Blut übergehen lassen, haben Sie den ersten Schritt zu Ihrem Supergedächtnis geschafft. Die Umsetzung der ersten 4 Buchstaben von BRAIN lassen Ihre **rechte Gehirnhälfte** aufblühen.

Machen Sie sich von Begriffen, Formeln, Texten usw. **Bilder**. **Verknüpfen** Sie diese richtig, setzen Sie alle Ihre Sinne ein und lassen Sie Ihrer **Imagination** (Phantasie) freien Lauf. Der letzte Buchstabe **„N“**, für Numerieren, erinnert Sie nicht nur daran, Ihre meist gut ausgeprägte linke Gehirnhälfte auch weiterhin einzusetzen, sondern diese nun auch mit der rechten Gehirnhälfte verstärkt zusammenspielen zu lassen. Setzen Sie deshalb Ihren linksseitigen, logischen, analytischen Verstand ein, um mit Zahlen, Struktur und Ordnung Ihre rechtshirnige Lern- und Gedächtnisleistung zu unterstützen und um das Vielfache zu steigern.

B ILDER

R ICHTIG VERKNÜPFEN

A LLE SINNE

I MAGINATION

N UMERIEREN

BILDER:

Machen Sie aus allen Begriffen, Fakten und Daten merk-**würdige**, beeindruckende, bewegte oder bewegende Bilder. Positive bzw. angenehme Bilder prägen sich in der Regel besser ein als negative Erinnerungen, die einem persönlich widerfahren sind.

Liebevolle oder auch erotische Bilder sind Erfahrungen, bei denen jeder von uns ein fast perfektes Gedächtnis hat. Nutzen Sie diese Fähigkeit für den Ausbau Ihres Supergedächtnisses.

Aggressive Bilder und Ereignisse sind, wenn sie uns nicht persönlich widerfahren, durchaus besonders merkfähig. Erinnern Sie sich doch nur an die Meldungen im Fernsehen, die unterm Strich eigentlich nur Schreckens-Nachrichten sind. Hungersnöte, Sturmkatastrophen, Börsenstürze, Entführungen, Morde bis hin zu Kriegsschauplätzen bleiben auch ohne spezielle Memoriertechniken recht gut im Gedächtnis haften. Das teilweise Verwenden von solchen aggressiven Bildern ist für das Memorieren sehr wirksam.

Auch **Humor** kann die Merkfähigkeit erhöhen. Gute Witze sind häufig sehr einprägsam. Je komischer, lächerlicher und absurder unsere geistigen Bilder sind, um so hervorragender eignen sie sich für das Erinnern.
Wenn Sie sich ein „vermenschlichtes" Radieschen vorstellen, werden Sie nicht vergessen, daß es rot ist – aus Scham **rot** angelaufen, weil so jung und schon so scharf.

RICHTIG VERKNÜPFEN:

Verknüpfen Sie alle Begriffe, Fakten und Daten merk-**würdig** und erinnerungs-**fähig** miteinander. Richtige Verknüpfungen können räumlich, real, irreal, komisch bis romantisch sein.

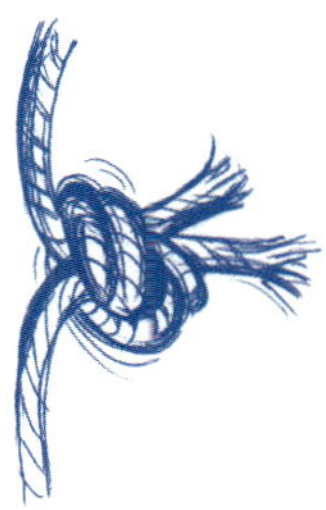

Neues mit Bekanntem zu verknüpfen ist eine wichtige Voraussetzung, damit Sie sich schlagartig wesentlich mehr merken können. Assoziieren Sie neue Begriffe oder Sachverhalte mit Ankern, also für Sie bekannte Objekte, Menschen, Orte oder Ereignisse.

ALLE SINNE:

Setzen Sie alle Sinne ein, damit besonders viel in Ihrem Gedächtnis haften bleibt. Nutzen Sie Ihre Sinne, wie sehen, hören, riechen, schmecken, fühlen und alle emotionalen, zwischenmenschlichen Sinne (Sensualität).
Auch die Empfindung Ihrer eigenen körperlichen Bewegung, wie z. B. springen, fliegen oder fallen ist hilfreich (Kinästhesie). Wenn Sie Ihre Sinneseindrücke mischen oder verschmelzen, werden Sie sich noch mehr merken können (Synästhesie).

IMAGINATION:

Imagination bzw. **farbige** Phantasie ist nicht nur nach Einsteins Überzeugung wichtiger als Wissen, denn unser Wissen ist im Gegensatz zur Phantasie begrenzt. So können Sie in Gedanken zum Mond fliegen, Ihr Auto ohne Benzin laufen lassen, in Mikroprozessoren Millionen von Transistoren auf einer Fläche von einem cm^2 integrieren – alles zwischenzeitlich umgesetzt.

Die Phantasie ist der Schlüssel für jeden Fortschritt, Ihre Kreativität und Ihr schlummerndes Supergedächtnis. Ersetzen Sie abstrakte Begriffe durch merk-würdige Bilder und Symbole.
Assoziieren Sie kreativ die neuen Begriffe oder Sachverhalte mit Ihnen bekannten **Ankern**.

Entfalten Sie Ihre Phantasie! Je übertriebener, größer, grotesker, beeindruckender und kreativer Ihre geistigen Bilder sind, umso merkfähiger werden sie. Wenn Sie zum Beispiel an den **Eiffelturm** denken, werden Sie an Frankreich erinnert. Stellen Sie sich zum Beispiel den Eiffelturm auf 1000 m Höhe aufgebläht vor, einen **Torero**, groteskerweise auf der großen Plattform des Turms zum „Stierkampf" gegen einen anrasenden **Volvo** antretend, auf dessen Motorhaube das „geschrumpfte" **Brandenburger Tor** festgezurrt ist. Mit dieser Bilderkette wissen Sie für immer, daß die flächenmäßig vier größten EU-Staaten – abnehmend sortiert – Frankreich, Spanien, Schweden und Deutschland sind.

NUMERIEREN:

Numerieren, sortieren und strukturieren Sie die zu lernenden Fakten, Daten und Texte. Sortieren Sie die auf Sie einströmende Informationsflut, planen Sie Ihre Methoden und Lösungsstrategien.

Die Berücksichtigung von Logik, Strukturen und Ordnung ist eine wichtige Voraussetzung für ein optimales Zusammenspiel zwischen linker und rechter Gehirnhälfte.

Die Verwendung von Zahlen ist die Basis für jeden beliebigen Zugriff auf Listen, Matrizen oder strukturierte Texte. Ohne Zahlen ist kein Ausbau Ihrer Memorier- und Major-Systeme möglich.

Ordnen Sie nach Kategorien, sortieren Sie klassendifferenziert, gliedern Sie alphabetisch und arbeiten Sie mit Farbgruppierungen und Größenabstufungen!

2. „POWER-Verknüpfungssystem“

Das Verknüpfungssystem ist die zentrale Grundlage aller Mnemonik-Systeme. Wenn Sie die den Anfangsbuchstaben des Wortes **POWER** zugrunde gelegten Verknüpfungs-Regeln sicher umsetzen können, haben Sie den wichtigsten Schritt für den Ausbau Ihres Gedächtnis-Fundaments „BRAIN“ geschafft.

P ERSONIFIZIEREN & PARTIZIPIEREN

O BJEKTE AUSTAUSCHEN & PLAZIEREN

W EBEN & KLEBEN

E INFÜGEN & STAPELN

R OMANTISCH & RABIAT

Verknüpfen Sie alle Begriffe, Fakten, Daten usw. merk-**würdig** und erinnerungs-**fähig** miteinander. Entscheiden Sie sich fallabhängig für Verknüpfungen, die Ihnen persönlich am geeignetsten erscheinen. Versuchen Sie, alle Verknüpfungsvarianten immer abrufbereit zu halten, kreativ abzuwandeln und merkfähig umzusetzen.
Nach kurzer Übungszeit geht dieses, für den Leser mehr als ungewöhnliche, aber unglaublich wirksame Verknüpfen immer schneller.

PERSONIFIZIEREN & PARTIZIPIEREN:

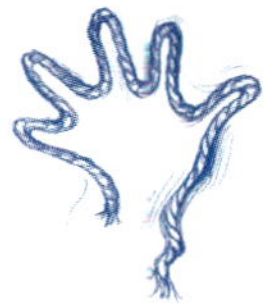

Verknüpfen Sie leblose Objekte, indem Sie diese Gegenstände mit menschlichen Zügen ausstatten. Bei einem personifizierten Objekt können Sie mehr Sinne und Emotionen einsetzen. Wenn bei unserem EU-Staaten-Beispiel der **Volvo** statt der Stoßstange fletschende Zähne zeigt, den **Torero** anknurrt, „ob er sich wirklich mit ihm einlassen will", mit röhrendem Motor auf ihn zurast, und ihn auf seine „Hörner" nehmen will, sind plötzlich zusätzliche, merkfähige Emotionen im Spiel.

Lassen Sie die Gegenstände oder abstrakten Begriffe miteinander kommunizieren. Sie können die zu verknüpfenden Begriffe miteinander tanzen, Hände schütteln, sprechen oder auch – wie in der vorigen Verknüpfung – kämpfen lassen.

Weiterhin können auch Farben, Aromen und Tätigkeiten an der Verknüpfung partizipieren (= Anteil haben).

OBJEKTE AUSTAUSCHEN & PLAZIEREN:

Häufig kann es auch sehr wirksam sein, wenn Sie die zu verknüpfenden Begriffe und Objekte austauschen. Lassen Sie ein ganzes Objekt oder nur Teile davon verschwinden und plazieren Sie an diese Stelle das andere.

Setzen Sie jetzt in unserem EU-Staaten-Beispiel statt der Quadriga (Viergespann) auf dem Brandenburger Tor einen riesigen **Konferenztisch** mit den Buchstaben **KSZE** auf dieses Wahrzeichen von Berlin (KSZE heißt Konferenz zur Sicherheit und Zusammenarbeit Europas: ein in Finnland unterzeichnetes Abkommen).

Assoziieren Sie diesen Konferenztisch mit Finnland und Sie wissen, daß dieses Land flächenmäßig an 5. Stelle der EU-Staaten steht. Dieser Austausch zeigt auch, daß Sie nicht nur reale Objekte durch andere reale, sondern auch durch abstrakte ersetzen können. Der abstrakte Begriff KSZE-Abkommen wird durch die Transformation in einen Konferenztisch merkfähig.

WEBEN & KLEBEN:

Erzeugen Sie einprägsame Verknüpfungen zwischen zwei Begriffen, indem Sie diese zusammenweben, verkleben, verschweißen oder zusammenschnüren.

In unserem EU-Staaten-Beispiel wird der KSZE-Konferenztisch mit einem verkleinerten Modell von Roms **Kolosseum** verschweißt. Assoziieren Sie dieses Wahrzeichen, das bekannteste Amphitheater Italiens mit der bereits bestehenden Bilderkette, so wissen Sie, daß Italien flächenmäßig an 6. Stelle der EU-Staaten steht.

EINFÜGEN & STAPELN:

Eine bewährte Verknüpfungstechnik ist auch das Einfügen, Hineinstecken und Stapeln. In unserem EU-Staaten-Beispiel wird in die Mitte des Kolosseums ein Glockenturm, der **BIG BEN** (Wahrzeichen von London), eingefügt, der langsam in den Himmel wächst. Auf dessen Spitze balanciert eine lodernde Feuerschale mit **olympischen Ringen**, in die eine **Portweinflasche** hineingesteckt wird.
Die Portweinflasche wackelt, fällt um und löscht zischend das olympische Feuer aus. Danach klettert der Walzerkönig **Johann Strauß** in diese Schale mit Portwein, spielt auf seiner Geige „Wiener Blut“ und führt dazu rhythmisch mit nassen Socken einen Veitstanz auf.
Assoziieren Sie diese 4 Wahrzeichen bzw. Klangähnlichkeiten der Reihenfolge nach mit den jeweiligen EU-Staaten. Großbritannien steht flächenmäßig an 7., Griechenland an 8., Portugal an 9. und Österreich an 10. Stelle.

ROMANTISCH & RABIAT:

Setzen Sie beim Verknüpfen alle denkbaren Emotionen und Dynamik ein. In unserem EU-Staaten-Beispiel hören Sie noch den Walzer in Ihrem Ohr klingen. Der Meister greift zu einem **Irishcoffee-**

Glas, riecht daran, setzt es an seine Lippen und kostet davon. Da fühlen seine Lippen am Glasrand eine kleine **Meerjungfrau** (Wahrzeichen von Dänemark) zappeln. Er stellt sie vorsichtig auf seine Fingerkuppen, betastet sie und will sie küssen. Das kleine Fräulein schreckt zurück, verliert den Halt und stürzt schreiend in die Tiefe. Zum Glück wird es jedoch von einem Mann mit einem Farbpinsel und einem „halben" Ohr (**Vincent van Gogh**) an der Hand geschnappt und gerettet. Mit der anderen Hand pinselt der Maler das **Atomium**, mit Brüsseler Spitzen unterlegt, rot an. Zum Schluß wirbelt ein Fernseher mit einem flimmernden **RTL-Logo** durch die Luft, stößt krachend auf die oberste Kugel des Atomiums und zerschellt dort.

Assoziieren Sie diese letzten 5 Wahrzeichen bzw. Klangähnlichkeiten mit den restlichen EU-Staaten. Danach steht Irland flächenmäßig an 11., Dänemark an 12., die Niederlande an 13., Belgien an 14. und Luxemburg an 15. Stelle.

1. Gedächtnistest

Wiederholen Sie in Gedanken nochmals die auf den vorangegangenen Seiten beschriebenen Verknüpfungen der EU-Staaten. Notieren Sie dann die Wahrzeichen bzw. klangähnlichen Symbole sowie die entsprechenden, der Größe nach sortierten, 15 EU-Staaten.

Nr.	Wahrzeichen / Symbol	EU-Staat
1	Eiffelturm	Frankreich
2		
3		
4		
5		
6		
7		
8		
9		
10		
11		
12		
13		
14		
15		

Wenn Sie 10 oder mehr richtige Antworten haben, gehören Sie bereits zu dem einen Prozent der Spitzengruppe. Herzlichen Glückwunsch!

2. Gedächtnistest

Lassen Sie jetzt Ihren flächenmäßig sortierten „EU-Film“ als 15teilige Bilderkette mehrfach vorwärts und rückwärts laufen. Versuchen Sie, das Abspulen so schnell wie möglich durchzuführen.
Zählen Sie in Gedanken mit.
Danach probieren Sie folgenden Test von oben nach unten.

Nr.	EU-Staat	Nr.	EU-Staat
15	Luxemburg	2	Spanien
14		11	
13		4	
12		9	
11		14	
10		5	
9		8	
8		10	
7		3	
6		15	
5		6	
4		12	
3		1	
2		7	
1		13	

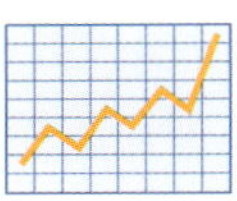

20 oder mehr richtige Antworten sind sehr gut.
Wenn Sie die EU-Staaten schon im 5-Sekunden-Takt abrufen könnten, wäre das eine tolle Leistung!

Man kann davon ausgehen, daß die Ausführung des 2. Gedächtnistests für viele grundsätzlich schwieriger sein wird, da eine beliebige Abfrage, an welcher Stelle flächenmäßig welches EU-Land steht, deutlich mehr Zeit kostet, als nur die Auflistung der Reihenfolge nach. In den nächsten Kapiteln wird gezeigt, wie man dieses kleine Problem mit Hilfe weiterer Mnemotechniken umgehen kann. Weitere Probleme könnte es auch mit vorgegebenen Begriffen, Symbolen oder Verknüpfungen geben, mit denen man sich nicht hundertprozentig identifizieren kann. Das ist jedoch nicht verwunderlich, **da kein Mensch vom Lern- und Gedächtnistyp her identisch ist.**

Vielleicht fällt Ihnen bei dem Gedanken an Frankreich als erstes nicht der Eiffelturm, sondern der Politiker Charles de Gaulle, die Schauspielerin Brigitte Bardot, Asterix und Obelix usw. ein. Dann wählen Sie die für SIE am besten passende Assoziation. Gleiche Überlegungen gelten auch für die anderen EU-Staaten.

Ein zusätzliches Problem kann auch auftauchen, wenn Sie zu irgendeinem Begriff oder EU-Land nur vage Assoziationen haben. Finden Sie dann Begriffe, die Sie durch den Namen oder Wortteile an das Gesuchte erinnern: z. B. PORTwein an Portugal, IRISHcoffee-Glas an Irland oder RTL-Logo an Luxemburg. Fällt Ihnen zu einem Begriff bzw. EU-Land nichts ein, dann aktivieren Sie zuerst Ihren passiven Wortschatz. Suchen Sie einen Begriff, der nichts mit dem Land selbst zu tun haben muß, Sie jedoch durch die Klangähnlichkeit daran erinnert. So können Sie auch an Finnland erinnert werden, wenn Sie das Bild der Rückenflosse eines Hais oder eines Surfbrettes vor sich sehen. Alle letztgenannten Begriffe heißen „Finne". Fällt Ihnen dennoch überhaupt nichts mehr ein, dann **entfalten Sie Ihre Kreativität** und erfinden Sie ein Bild. An welche EU-Staaten werden Sie wohl erinnert, wenn Sie „Inland" hören oder einen „DINO" (Dinosaurier) mit einer „MARK" zwischen den Zähnen sehen?

Da die Verknüpfungstechnik für alle Mnemonik-Systeme von Bedeutung ist, empfehle ich, daß Sie nun Ihre eigenen Bilder und Verknüpfungen für die 15 EU-Staaten machen. Übernehmen Sie die Wahrzeichen, Symbole und Verknüpfungen, mit denen Sie sich identifizieren können! Den Rest passen Sie Ihrem Lern- und Gedächtnistyp an.

Wiederholen Sie in Gedanken IHRE EIGENEN Bilder und Verknüpfungen bezüglich der EU-Staaten. Notieren Sie dann IHRE Wahrzeichen / Symbole und gewählten Verknüpfungen für die flächenmäßig sortierten EU-Staaten:

Nr.	IHR persönliches Wahrzeichen / Symbol	Verknüpfung	EU-Staat
1	*)	**)	Frankreich
2			
3			
4			
5			
6			
7			
8			
9			
10			
11			
12			
13			
14			
15			

*) z. B. Brigitte Bardot

**) z. B. Küssen

Sollten Sie jetzt noch besser als beim 1. Gedächtnistest sein und eventuell alles richtig haben, dann herzlichen Glückwunsch! Sie sind nun vorbereitet, um die nachfolgenden Kapitel bestens umsetzen zu können.

3. Zahl-Form-Systeme

In den vorigen Kapiteln haben Sie das überwiegend von der rechten Gehirnhälfte gesteuerte Verknüpfungssystem als zentrale Basis aller Memoriersysteme kennengelernt. In diesem Kapitel werden Sie erstmals die Erweiterung mit Zahlen trainieren können.

Alle Memoriersysteme arbeiten mit Schlüsselwörtern. Diese Wörter werden dadurch zu Erinnerungs-Schlüsselwörtern bzw. **„Ankern“**, indem man an sie andere Dinge, wie an Kleiderhaken anhängen bzw. „verankern“ kann. Die Bügel (Anker) in Ihren Kleiderschränken bleiben in der Regel gleich, die angehängten Kleider (Begriffe, Objekte etc.) können aber beliebig gewechselt werden. Deshalb ist dieses System in erster Linie ein Anhänge-System bzw. Anker-System. Alles, was Sie numerieren, sortieren und merken wollen, verbinden oder assoziieren Sie mit Ihren Schlüsselbildern. Diese Zahl-Formen sollten Sie jedoch so wählen, daß Sie von der Gestalt des Bildes her sofort – ohne langes Nachdenken – an die entsprechenden Zahlen 1, 2, 3, 4 usw. erinnert werden. Zum Beispiel erinnert die Form eines **Schwans** sofort an die **Zahl 2**, eine Schnecke mit ihrem „Haus“ an die Zahl 6 ...

Entscheiden Sie sich für visuell besonders einprägsame Bilder und lassen Sie Ihrer Phantasie beim „Ausmalen“ freien Lauf!

Das Zahl-Form-System kann auch als sinnvolle Ergänzung zur Verknüpfungsmethode verwendet werden. Am Beispiel unserer EU-Staaten werden wir diese Möglichkeit kennenlernen. Diese Zahl-Form-Liste kann auch erweitert werden. Die deutsche Gedächtnismeisterin **Helga Zehetmaier** verwendet zum Beispiel ein Zahl-Form-System von 0 bis 100, das sie auf ihren Lern- und Gedächtnistyp angepaßt hat. Bei diesem erweiterten Zahl-Form-System sind die einzelnen Anker jedoch nicht starr. So stellt zwar auch hier eine Schnecke die Zahl 6 dar, jedoch ergibt sich die gleiche Zahl, indem man „jemanden zur Schnecke“ macht.
In dieses spezielle System können unterstützend noch andere Mnemotechniken integriert und kombiniert werden, auf die in den nächsten Kapiteln eingegangen wird.

Erster Vorschlag für Zahl-Form-Bilder von 1 bis 15:

1. Kerze

2. Schwan

3. Dreizack

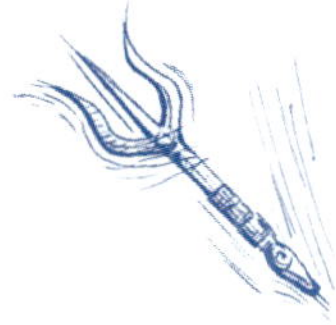

4. Glücksklee

5. Hand

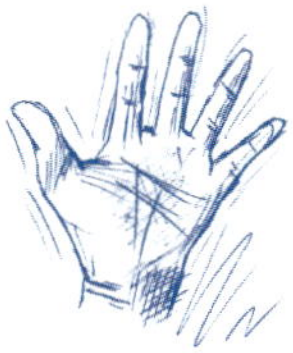

6. Schnecke

7. Sense

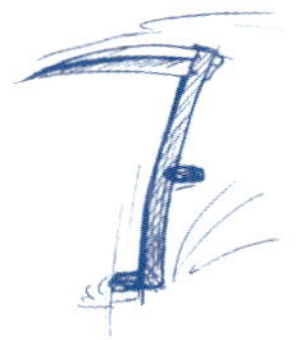

8. Achterbahn

9. Luftballon

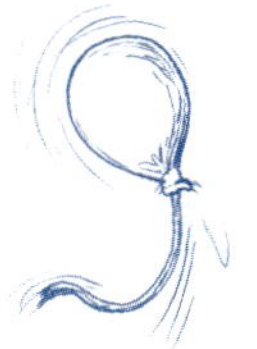

10. Schläger + Ball

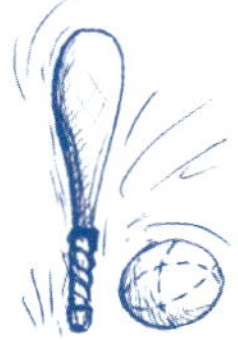

11. Dom

12 Uhr

13. Boxhandschuh

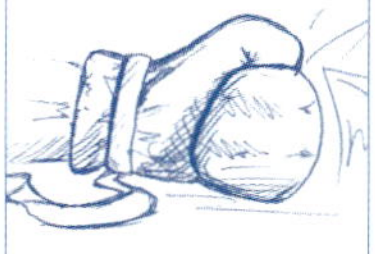

14. Mast + Blitz

15. Kran + Haken

Zweiter Vorschlag für Zahl-Form-Bilder von 1 bis 15:

1. Bleistift

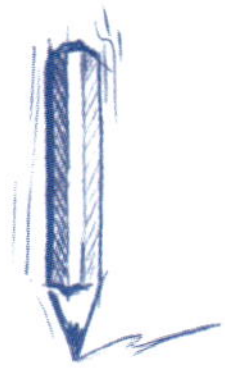

2. Fesselballon

3. Dreirad

4. Tisch

5. Pentagramm

6. Elefant

7. Bumerang

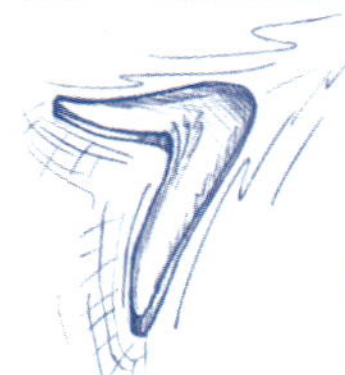

8. Sanduhr

9. Trillerpfeife

10. Stan und Olli

11. Tannen

12. Äskulapstab

13. Freitag, der 13.

14. Wand + Stuhl

15. Festschmuck

Bei unserem flächenmäßig sortierten EU-Staaten-Beispiel aus Kapitel 1 und 2 könnte man eine Numerierung durchführen, indem die jeweiligen Wahrzeichen bzw. Symbole der einzelnen Länder direkt mit bestimmten Zahl-Formen von 1 bis 15 verknüpft werden. Wählen Sie z. B. aus der zweiten Vorschlagsliste die Zahl-Formen. Dabei können Sie zusätzlich wirkungsvoll trainieren, wie Sie mit **Farben** (rechte Gehirnhälfte) gleichzeitig strukturieren bzw. klassenbildend differenzieren können (linke Gehirnhälfte). Färben Sie für diese Aufgabe alle 15 Zahl-Form-Symbole **GELB** ein: G(elb) erinnert Sie in diesem Fall aufgrund der Anfangsbuchstaben an die G(röße) der EU-Staaten. Stellen Sie sich nun – **ohne** Mehrfach-Verkettungen oder lange Bildergeschichten – folgende Einfach-Verknüpfungen vor:

Sie bekritzeln den Eiffelturm mit einem riesigen **gelben** Bleistift (1), Sie sehen einen Torero auf einem **gelben** Fesselballon (2) balancieren, Sie hängen an den Auspuff Ihres Volvos ein ...

Wie geht´s weiter?

Mit dieser Zahl-Form-Methode brauchen Sie keine längeren Reihen zu verknüpfen und gedanklich abzuzählen, an welcher Stelle welcher Begriff steht. Sehen Sie z. B. einen Torero auf einem **gelben** Fesselballon balancieren, erscheint sofort das zweitgrößte EU-Land, Spanien, vor Ihrem geistigen Auge.

4. Gedächtnistest

Lassen Sie Ihre flächenmäßig sortierten EU-Staaten in 15 Zahl-Form-Verknüpfungen mehrfach vorwärts und rückwärts laufen. Versuchen Sie wahlfrei zu memorieren. Listen Sie die EU-Staaten so schnell wie möglich auf.

Danach führen Sie folgenden Test durch:

Nr.	EU-Staat (Fläche)	Nr.	EU-Staat (Fläche)
15		2	
14	Belgien	11	Irland
13		4	
12		9	
11		14	
10		5	
9		8	
8		10	
7		3	
6		15	
5		6	
4		12	
3		1	
2		7	
1		13	

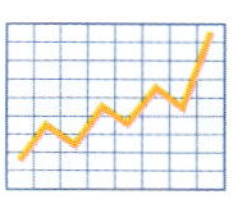

25 oder mehr richtige Antworten sind sehr gut. Wenn Sie die EU-Staaten schon im 5-Sekunden-Takt abrufen könnten, wäre das einfach großartig!

Wenn Sie mehrere Fakten und Daten in einen **Anker** (z. B. Eiffelturm) hängen wollen, könnten Sie diese wie in Kapitel 1 und 2 verknüpfen. Jedoch sollten Sie komplexe Informationen am besten vorher nochmals strukturieren und klassenbezogen verknüpfen:
z. B. **Rangfolgen**

der Flächen mit den Quadratkilometerzahlen,

der Einwohner und Hauptstädte mit den jeweiligen Zahlen,

des Bruttoinlandsprodukt/Kopf mit Index-Werten etc.

Das Einfärben ist in diesem Fall nicht unbedingt notwendig. Wenn Sie es dennoch tun, haben Sie sich einen weiteren Anker für Ihr Erinnern gesetzt. Wählen Sie nun zum Beispiel im Fall der Einwohner **B**(laue) Zahl-Form-Symbole, so erinnern Sie diese aufgrund des Anfangsbuchstabens sofort an den Platz der **B**(evölkerung) bzw. Einwohnerzahl innerhalb der EU-Staaten.

Stellen Sie sich diesmal selbst (mit IHRER Phantasie) verschiedene Einfach-Verknüpfungen mit dem ersten Vorschlag für Zahl-Form-Bilder vor, um die Einwohner-Rangfolge der EU-Staaten zu memorieren (Siehe Anhang, Tabelle der EU-Staaten): Eiffelturm und blauer Dreizack (3), Stierkampf-Tuch des Torero und blaue Hand (5), Volvo ...

Wie geht´s weiter?

5. Gedächtnistest

Lassen Sie Ihre einwohnermäßig sortierten EU-Staaten in 15 Zahl-Form-Verknüpfungen mehrfach vorwärts und rückwärts laufen und versuchen Sie wahlfrei zu memorieren. Listen Sie die EU-Staaten so schnell wie möglich auf.

Danach führen Sie folgenden Test durch!

Nr.	EU-Staat (Einwohner)	Nr.	EU-Staat (Einwohner)
15		2	
14		11	
13		4	
12		9	
11	Österreich	14	Irland
10		5	
9		8	
8		10	
7		3	
6		15	
5		6	
4		12	
3		1	
2		7	
1		13	

25 oder mehr richtigen Antworten sind sehr gut. Wenn Sie die EU-Staaten schon im 5-Sekunden-Takt abrufen könnten, wäre das ausgezeichnet!

4. Zahl-Klang-Systeme

Sie können nicht nur mit dem Zahl-Form-System, sondern auch mit dem sogenannten Zahl-Klang-System (= Zahl-Reim-System) ein Memoriersystem mit Schlüsselwörtern aufbauen. Bei dieser Technik benutzen Sie für Erinnerungs-Schlüsselbilder nicht mehr die Form einer Zahl, sondern **Sie verwenden Wörter, deren Klang Sie an die entsprechende Zahl erinnert.**

So können Sie zum Beispiel sofort bei allen Substantiven, wie **„Klo“, „Stroh“, „Po“, „Silo“, „Toto“, „Kino“, „Floh“, „Zoo“** usw. die **Zahl 2** (zur Unterscheidung von „drei“ nicht „zwei“, sondern „zwo“ gesprochen) vor Ihrem Auge haben. Die Zahl 2 können Sie aber auch durch Adjektive wie **„froh“** oder Wortbruchstücke wie zum Beispiel „**WO**hnen“ ableiten. Fallen Ihnen spontan weitere Substantive, Adjektive oder Wort-Fetzen ein, wodurch Sie an die Zahl 2 erinnert werden?

Was fällt Ihnen ein?

Alles was Sie numerieren, sortieren und sich merken wollen, können Sie also auch mit **Ihren Zahl-Klang-Schlüsselbildern** assoziieren. Diese phonetischen Zahl-Wörter sollten Sie jedoch so wählen, daß Sie persönlich vom Klang her sofort, ohne überlegen zu müssen, die entsprechenden Zahlen 1, 2, 3, 4 usw. vor sich sehen.
Wichtig ist vor allem, daß Sie beim jeweiligen Klang sofort auch ein passendes **Bild** aufbauen können!

Für dieses Kapitel legen wir fest, daß alle Zahl-Klang-Formen bei unserem EU-Staaten-Beispiel uns an das **Bruttoinlandsprodukt (BIP)** erinnern sollen. Das BIP ist eine statistische Größe, die Auskunft über die volkswirtschaftliche Gesamtleistung eines Landes ohne Einkommen aus der übrigen Welt gibt.
Es spiegelt den Wohlstand einer Gesellschaft als ein in Geldeinheiten ausgedrückter Wert aller produzierten Güter und erstellten Dienstleistungen während einer bestimmten Periode wider.

Das durchschnittliche Bruttoinlandsprodukt BIP/Kopf aller 15 EU-Staaten entspricht dem Indexwert 100, mit einem Minimalwert von 65 für Griechenland und einem Maximalwert von 169 für Luxemburg (Stand Mai 1998, siehe Anhang, Tabelle der EU-Staaten).

Lassen Sie Ihrer blühenden Phantasie freien Lauf und seien Sie kreativ beim Erfinden merkfähiger Bilderketten.

Demzufolge sind im Fall von Dänemark, dessen Indexwert an 2. Stelle steht zum Beispiel folgende Variationen möglich: Wie wir bereits wissen, steht Dänemark (Ersatzsymbol „Meerjungfrau") flächenmäßig, wie einwohnerbezogen im Reigen der 15 EU-Staaten an 12. Stelle. Wenn „die Meerjungfrau um 12 Uhr den **ZOO** besucht" hat dieser Satz die gleiche Aussagekraft, wie die Bilder „die Meerjungfrau hüpft FROH aus dem Bett, weil es 12 Uhr geschlagen hat" oder „die Meerjungfrau schnappt sich entnervt ihren Wecker und wirft ihn ins KLO".

Wie bei den Zahl-Form-Wörtern (vgl. Kapitel 3) können die Zahl-Klang-Wörter natürlich auch als **„Anker-Bilder"** verwendet werden, indem Sie diese mit anderen Dingen (Begriffen, Objekten, Ereignissen) oder Personen verknüpfen.

Ein Vorschlag für Zahl-Klang-Bilder von 1 bis 20.
Versuchen Sie zusätzlich eigene Worte zu erfinden!

Zahl	Vorschlag	Ihre Klang-Wahl
1	Bein	Wein
2	Klo	
3	Hai	
4	Bier	
5	Strümpf´	
6	Hex´	
7	Rüben	
8	Hab Acht! (Stellung)	
9	Bräun(en)	
10	Zehen	
11	Elf (Fußball)	
12	Wölf´	
13	Spreizen	
14	Würzen	
15	Münzen	
16	Lechzen	
17	Piepsen	
18	Wachsen	
19	Schneuzen	
20	Ranzig(e Butter)	

Die vorteilhafte Memorier-Möglichkeit mit Zahl-Klang-Bildern erkennt man, indem wir in unserem EU-Staaten-Beispiel die bereits erwähnte Reihenfolge der wirtschaftlichen Daten vervollständigen. Merken Sie sich nun schnell und „spielerisch“, an welcher Stelle der INDEX des **Bruttoinlandsprodukts (BIP) pro Kopf** (siehe Anhang Seite 124f) der jeweiligen EU-Staaten steht. Die neuen Verknüpfungen können Sie entweder direkt mit dem EU-Staaten-Symbol (wie etwa Torero) oder mit einer der Zahl-Form-Zuordnungen hinsichtlich der Fläche oder Einwohnerzahl erzeugen. Wenn Sie zum Beispiel das Stierkampftuch des Toreros (flächenmäßig an 2. Stelle der EU-Staaten) mit der blauen Zahl-Form HAND (=5) vor Ihrem Auge haben, wissen Sie bereits, daß Spanien einwohnerbezogen an 5. Stelle steht. Sehen Sie, wie sich die Finger der Hand SPREIZEN (=13), somit ist klar, daß Spanien hinsichtlich BIP/Kopf-Rang an 13. Stelle steht. Nachfolgend eine kleine Tabelle über die bisher bekannten EU-Daten:

Rang (Rg.): Größe	**Rg.: Einwohner**	**Rg.: BIP/Kopf**
Eiffelturm	Dreizack	Hex´
Torero	Hand	Spreizen
Volvo	Baseballschläger	Zehen
Brandenburger Tor	Kerze	Bier
Konferenztisch	Boxhandschuh	Fußball-Elf
Kolosseum	Glücksklee	Hab Acht
Big Ben	Schwan	Bräun(en)
Feuerschale	Sense	Münzen
Portweinflasche	Luftballon	Würzen
Johann Strauß	Dom	Strümpf´
Irischcoffee-Glas	Blitz	Wölf´
Meerjungfrau	Wecker	Klo
Vincent van Gogh	Schnecke	Rüben
Atomium	Achterbahn	Hai
RTL-Logo	Kran	Bein

Memorieren Sie bitte diese Tabelle, indem Sie zeilenweise die jeweiligen 3 Begriffe miteinander verknüpfen.

6. Gedächtnistest

Lassen Sie nochmals gedanklich Ihre 15 Dreifach-Verknüpfungen vorwärts und rückwärts laufen!

Listen Sie nun die EU-Staaten INDEX-sortiert der Reihenfolge nach und auch wahlfrei von oben nach unten auf!

Nr.	EU-Staat (Index-Rang)	Nr.	EU-Staat (Index-Rang)
15	Griechenland	2	Dänemark
14		11	
13		4	
12		9	
11		14	
10		5	
9		8	
8		10	
7		3	
6		15	
5		6	
4		12	
3		1	
2		7	
1		13	

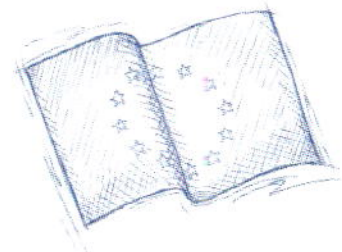

25 oder mehr richtige Antworten sind sehr gut.
Wenn Sie die BIP/Kopf-Rangfolge im 5-Sekunden-Takt abrufen könnten, wäre das sensationell!

5. Brücken-Techniken

„Goldene“ Brücken-Techniken sind äußerst effiziente Memorier-Hilfen, **wenn sie richtig aufbereitet werden!** Sie können dann nicht nur für ganz spezielle „Ereignisse“, sondern auch nahezu universell für alle Fachgebiete, wie z. B. Mathematik, Physik, Chemie, Fremdsprachen, Geographie, Betriebswirtschaft wirkungsvoll eingesetzt werden. Mit geeigneten Merk-Brücken lernen Sie einerseits leichter, andererseits können Sie sich dann besonders sicher an wichtige Details, Daten, Fakten oder Zusammenhänge erinnern und diese problemlos abrufen. Im Volksmund heißen spezielle Merk-Brücken „**Esels**brücken“ vor allem dann, wenn sie falsch aufbereitet werden. Ein Beispiel:

Ephraim Kishons Satire „Kein Weg nach Oslogrolls“ zeigt köstlich, wie sich ein „Mnemotechniker“ teilweise richtige Merk-Brücken aufbauen kann, diese jedoch durch falsche Assoziationen absolut unbrauchbar werden. Bei einem Kongreß in der finnischen Hauptstadt Helsinki wollte sich ein Teilnehmer den Straßennamen „Helsingforsstraße 5“ einprägen. Der erste Teil des Namens erinnert an die Hauptstadt Finnlands, Helsinki, der zweite Teil an die bekannte Automarke Ford, beide durch den 7. Buchstaben „g“ im Alphabet verbunden, also „Helsin(ki)-g-for(d)-s-Straße Nummer 5“. Beim Abrufen des Namens erinnert sich unser „Gedächtniskünstler“ nach etlichen Fehlversuchen doch noch an die scheinbar richtige Lösung: „Oslogrolls Straße Nr. 137“! War ja alles so klar: Norwegens Hauptstadt ist Oslo, danach ein „g“ und zum Schluß noch die berühmte englische Automarke Rolls Royce! Von der Hausnummer ganz zu schweigen ...

Anhand dieses Beispiels wird verständlich, daß Sie immer dann „abstürzen“, wenn Sie nicht ausreichend sichere **Gedächtnis-Anker,** Bilder und Assoziationen verwenden. Ist es für Sie noch ein großes Problem, das Beispiel richtig zu memorieren?

Testen Sie sich doch bitte selbst, indem Sie Bilderketten – mit Zahl-Formen oder Zahl-Reimen gemischt – erfinden.

Im **MUSIK**-Unterricht erinnert Sie die Merk-Brücke „Fiebrige Buben Essen Aspirin – Deshalb Gesund" an die mit b gekennzeichneten DUR-Tonarten. Stellen Sie sich vor, wie fiebrige Buben singend Aspirin-Tabletten kauen, um nicht krank zu werden.
Damit wissen Sie anhand der Anfangsbuchstaben, daß ein b nach dem Notenschlüssel der Tonart F-DUR entspricht. B-DUR, Es-DUR, As-DUR, Des-DUR und Ges-DUR haben dann 2, 3, 4, 5 und 6 b's.
Die Tonart C-DUR besitzt weder b noch #.

Bei längeren Listen mit zu verknüpfenden Objekten, Fakten, Ereignissen usw. bieten sich äußerst effiziente Merk-Brücken in **Gedichtform** an.

Erfahrungsgemäß prägt sich alles, was sich irgendwie reimt, viel besser ein.

Beim Lernen solcher „Gedichte" sollten Sie auch noch rhythmisch, am besten mit einer, für Ihren Lerntyp geeigneten Hintergrundmusik, skandieren bzw. „chanten". Das Wort **Chanting** ist zwar englisch, kommt jedoch vom französischen „chanter", das soviel wie „singen" (mit einem „Chantrèe" oder einem „Schon-Tee", der Ihren Magen schont) bedeutet. Dieses Chanting als Gesang oder Singsang können Sie sowohl mit einem Rap als auch im leiernden Rhythmus von Choräle singenden Mönchen umsetzen. Sie können genauso gut einen Schlager oder ein Kinderlied für Ihr Gedichte-Lernen unterlegen. Achten Sie immer auf Ihre „innere" Stimme, welche Musik Ihnen persönlich liegt.

Auch wenn sich nicht alles optimal reimt, so ist der Rhythmus allein auch schon eine gute Brücke.

Sie können mit dieser Methode zu jeder Thematik viele „Gedichtchen" mit Variationen erstellen. Lassen Sie Ihrer Kreativität im Erfinden von Reimen freien Lauf. Setzen Sie jedoch immer beide Gehirnhälften ein: Rattern Sie nicht nur Ihre Zeilen runter, sondern stellen Sie sich immer Ihre Geschichte als Bild oder Bilderkette vor.

Diese im Bereich „Lernen mit Musik" bewährte Methode können Sie auf jeden Lernstoff anwenden: Gedichte, neue Stoffgebiete, Fremdwörter, Vokabeln oder auch Sprachfluß-Training von Fachbegriffen oder Fremdsprachen.

So haben wir bereits die zentrale Basis für Ihr Supergedächtnis in Form einer durch Anfangsbuchstaben gekennzeichneten Merk-Brücke kennengelernt: **„BRAIN POWER"**.
Das Wort selbst erinnert Sie an Ihre Gehirnleistung, die einzelnen visualisierten Buchstaben an wichtige Funktionen für Ihr Gedächtnis.

Diese Gehirnformel **„BRAIN POWER"** kann man sich jedoch auch in Gedichtform und mit dem „Chanten" einprägen. So werden in Spalten mit Pluszeichen (+) die einzelnen Silben betont, in denen mit Minuszeichen (–) unbetont gesprochen, wenn wir im Mönchs-Singsang memorieren wollen. Sie können auch mehrere Silben rhythmisch zusammenfassen.

Chanten Sie!

–	+	–	+	–	+	–	+	–
	BRAIN:	**das**	**läßt**	**uns**	**wirk-**	**lich**	**hü-**	**pfen!**
	Bil-	**der**	**far-**	**big**	**Rich-**	**tig ver-**	**knüp-**	**fen,**
	Al-	**le**	**Sin-**	**ne und**	**I-**	**magi-**	**nie-**	**ren,**
	nicht	**zu-**	**letzt**	**auch**	**Nu-**	**me-**	**rie-**	**ren.**
Die	**PO-**	**WER Ver-**	**knüp-**	**fung**	**ist**	**nicht**	**schwer,**	
Per-	**so-**	**nen, Ob-**	**jek-**	**te und**	**vie-**	**les**	**mehr!**	
	We-	**ben,**	**Ein-**	**fügen**	**und**	**so**	**wei-**	**ter,**
	Roman-	**tisch, Ra-**	**biat:**	**Das**	**ist**	**doch**	**hei-**	**ter.**

Lernen Sie bei **Fremdsprachen** möglichst in zusammenhängenden, mit Aktion ausgestatteten Bilderverknüpfungen – egal ob es sich um Vokabeln, Fremdwörter, Wortgruppen, Redewendungen oder auch ganze Sätze handelt.

Wollen Sie für den **ENGLISCH**-Unterricht zum Beispiel innerhalb kürzester Zeit alle unregelmäßigen Verben („Zeitwörter", „Tätigkeitswörter") mit der Grundform des Verbs („Infinitiv") und den Vergangenheitsformen („Präteritum" und „Partizip Perfekt") lernen, so reimen Sie sich einfach Geschichten nach folgendem Muster:

Die Sternchen (*) bedeuten dabei Sprechpausen. Während Ihres „Verben-Chanting" stellen Sie sich die Szene bildhaft vor: Der Morgen beginnt mit dem Kikeriki des Hahns, von dem Sie geweckt werden. Sie haben Hunger, greifen zu einem Stück Brot und löschen Ihren Durst am Tank.

Chanten Sie!

1	2	3	4	5	6	7	8	9	10	11	12
–	+	–	+	–	+	–	+	–	+	–	–
be-	gin,	*	*	be-	gan.	*	*	be-	gun,	*	*
be-	gin-	*	*	ne	mit	*	*	dem	Hahn,	*	*
a-	wake,	*	*	a-	woke,	*	*	a-	waked,	*	*
von	ihm	*	*	schon	früh	*	*	ge-	weckt.	*	*
*	catch,	*	*	*	caught,	*	*	*	caught,	*	*
*	grei-	*	*	fe	Dir	*	*	ein	Brot,	*	*
*	drink,	*	*	*	drank,	*	*	*	drunk,	*	*
*	trin-	*	*	ke	aus	*	*	dem	Tank.	*	*

Nach den ersten „Chanting-Durchgängen" „singen" Sie bitte jede Zeile rhythmisch und ohne längere Pausen. Streichen Sie dazu die Spalten 3 und 4 sowie 7 und 8, gönnen Sie sich jedoch eine „Verschnaufpause" in den Takten 11 und 12.

Ähnlich werden Sie zum Beispiel das deutsche Wort „Erdgeschoß" (englisch „open the door" ... „ground-floor") nicht mehr mit „earth missile" („Erd-Geschoß") übersetzen.

Phantasie ist wichtiger als Wissen!
(Albert Einstein)

In der **CHEMIE** und **PHYSIK** spielt das Periodensystem der Elemente eine große Rolle. Es unterteilt sich grob in die Haupt- und Nebengruppenelemente sowie in die Gruppe der Lanthaniden und Actiniden. In der Reihe der Transurane, in der Gruppe der Actiniden, steht das radioaktive, künstliche und instabile **EINSTEINIUM** mit der **Ordnungszahl 99** und der **relativen Atommasse 254.** Dieses chemische Element wurde nach **Albert Einstein** benannt.

Eine Merkbrücke hierfür könnte sein: „Ein Zug hält („Zeitalter") für Sie („Physik") auf der Hauptstrecke in ein nebliges Land („Hauptgruppen-, Nebengruppenelemente und Lanthaniden"). Reisegruppen („3 Gruppen") prosten („Periodensystem") mit Freudentränen einem uralten („Transurane") Künstler (erinnert an die nicht in der Natur vorkommende, „künstliche" Eigenschaft) mit einer Geige (erinnert sowohl an das Hobby dieses Mannes, als auch an „Geigerzähler", dem Meßinstrument für „radioaktive" Eigenschaften) zu, die dieser zu den Akten nieder („Actiniden") legt. Er wirft einen Stein, auf dem sein Name steht („Einstein"), ins Fenster, das in alle Teile zersplittert („instabiles Element") und albert (Vorname „Albert") in seiner Gruppe herum („Einsteinium"). Dann schleckt er mit einem Verdienstorden („Ordnungszahl") an der Brust sein Eis („Ordnungszahl 99", 99 = Zahl-Form „Eis") und läßt noch zwei Atombomben („Atommasse 254" = 2 · 54 = Zahl-Form für „Bombe") hochgehen. Speziell („spezielle") die erste Sprengung bewirkt, daß er relativ („Relativitätstheorie") schnell fündig wird (im Jahr 19 Hundert und „5", Klangähnlichkeit mit „fünf"), durch die zweite kam ans Tageslicht, wonach alle („allgemeine" Relativitätstheorie) lechzten (im Jahr 19 Hundert „16", Klangähnlichkeit mit „sechzehn")."

Zu diesem Beispiel folgender Vorschlag für Zahl-Form-Bilder 99 und 54:

Für das schnelle Lernen auch komplizierterer Zusammenhänge und Formeln in der **MATHEMATIK** können Sie ebenfalls kreative Merk-Brücken erfinden und phantasievoll einsetzen.

Um mathematische Formeln sicher abrufen zu können, müssen wir zuvor eine geeignete Systematik für wirksame Merk-Brücken festlegen oder erfinden. Diese kann man dann sofort auf jede andere mathematische Beziehung nach ähnlichem Muster übertragen.

Einige Vorschläge für Ersatzbilder zu mathematischen Funktionen:

Bestimmte Grundrechenoperationen assoziieren Sie zum Beispiel, wenn Sie:

- Personen/Objekten etwas geben, anfügen oder stapeln = addieren, wegnehmen = subtrahieren,
- malen = multiplizieren und
- brechen, berichten, teilen etc. = Bruch bzw. dividieren.

Mathematische Klammern **(...)** realisieren Sie, indem Sie den ganzen Inhalt x in eine „Kammer" geben oder mit einer „Klammer" zusammenheften. Bei der Wurzel $\sqrt{\ }$ stellen Sie sich eine knorrige „Wurzel" vor.

Es gibt nichts, was nicht durch ein ähnlich klingendes Wort ersetzt werden kann!

Um Exponential-Funktionen e^x mit hochgestellten Größen x zu assoziieren, stellen Sie sich doch einen „Elefanten" vor, der mit seinem Rüssel den Exponenten „hochhebt", oder eine „Echse" die einen Baum „hochkriecht".
An Quadrieren $\mathbf{x^2}$ erinnern Sie sich durch „(ein)quartieren".

Lassen Sie Ihrer Phantasie freien Lauf! Ersetzen Sie bestimmte Operationen durch **Ihre** persönlichen Bilder, die **Ihrem** Denkmuster entsprechen.

Als mathematisches Beispiel betrachten wir eine Formel, die „jeder schon in der Hand gehabt" hat, nämlich die **GAUSS-Verteilung**. Diese Funktion **f(x)** spielt in der Wahrscheinlichkeits- und Fehlerrechnung eine so große Rolle, daß sie auf dem 10-Mark-Schein Deutschlands mit dem Bild des Mathematikers und Physikers **Carl Friedrich Gauß** verewigt ist.

Eine Zufallsgröße x heißt normalverteilt, wenn ihre Dichte, wie auf dem Geldschein angegeben, folgende Gestalt hat:

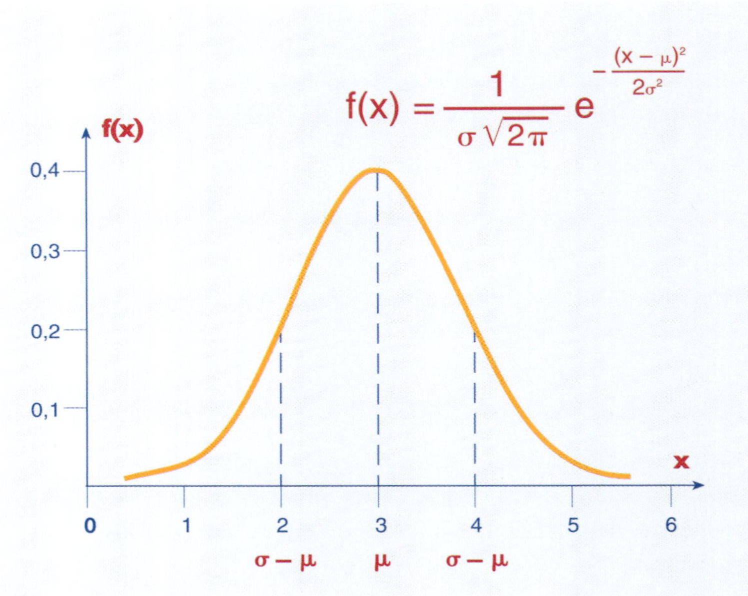

Die Parameter der Kurve f(x) sind der Erwartungswert μ als Zentrum einer Verteilung von Zufallsgrößen und die Streuung σ der Verteilung um diesen Erwartungswert (Standardabweichung).
In μ liegt das Maximum in der Mitte der Kurve, dem Symmetriezentrum, σ repräsentiert den „Streuungs-Abstand" von diesem Zentrum zu den Wendepunkten der Gauß-Verteilung.
Der Faktor π (unter der Wurzel $\sqrt{\ }$) hat den Wert 3.1415..., das e steht für Exponentialfunktion. Der Spezialfall mit $\sigma = 1$ und $\mu = 0$ liefert die Wahrscheinlichkeitsdichte der Normalverteilung. Durch das entsprechende Bild zur Formel wird ersichtlich, warum die Gaußverteilung auch **Glockenkurve** heißt. Im 10-Mark-Beispiel streuen viele Messungen um einen wahrscheinlichen, zu erwartenden Wert von 3.

Wie groß wird dann der Erwartungswert μ für die Punktesumme von 2 identischen Würfeln (auf jeder Seite 1,2,3,4,5 oder 6 Punkte) sein, wenn Sie mit beiden „stundenlang" würfeln? Ist μ, wie im Bild für einen zufälligen Wurf angegeben, 9 (= 4 + 5) oder 7?

Mit den vorgeschlagenen oder klangähnlichen Ersatzbildern für die entsprechenden mathematischen Funktionen und Rechenoperationen könnten Sie die Gauß-Verteilung f(x) auf dem 10-Mark-Schein zum Beispiel mit folgender Bilderkette als **Merk-Brücke** memorieren:

„Sie setzen Ihren glockenförmigen Hut auf und gehen aus. Fix vergleichen („f(x) =") Sie die Zufallszahlen auf Ihrem Lottoschein, treten einen Ziegelstein („σ") durch, streunen („Streuung") durch den Wald und zerbrechen eine Wurzel, an der Pinsel aus Stroh („2") hängen. Mit einem der Pinsel malen Sie eine saurierähnliche Echse an, die gerade einen großen Hügel hochkriecht. Die Echse robbt zu einer keifenden Xanthippe („x"), die einem erwartungsfrohen Mönch („μ") sein Glas mit einem VIERTEL Wein wegnehmen will. Beide fliehen vor der Echse in eine Kammer. Die Kammer bricht berstend entzwei, wodurch eine schlafende Ziege („σ") auf dem Hügel aufgeschreckt wird und 2 Meter hochspringt".

Aus dieser einfachen Kurzgeschichte, die in Gedanken nur einige wenige Sekunden lang ist, ergibt sich die komplette Gauß-Verteilung:

$$f(x) = \frac{1}{\sigma\sqrt{2\pi}}\, e^{-\frac{(x-\mu)^2}{2\sigma^2}}$$

7. Gedächtnistest

Auf dem Deutschen 10-Mark-Schein ist ein bekannter Wissenschaftler abgebildet, der wichtige Gesetzmäßigkeiten in der Physik und vor allem in der Mathematik aufstellte. Beantworten Sie bitte folgende Fragen zu diesem Geldschein **ohne nachzuschauen**!

Wer ist der Mann? ....

Wie heißt die Kurve? ....

Wofür wird sie eingesetzt? ....

Was versteht man unter der Größe

x ....

und den Parametern

σ ....

sowie

μ .... ?

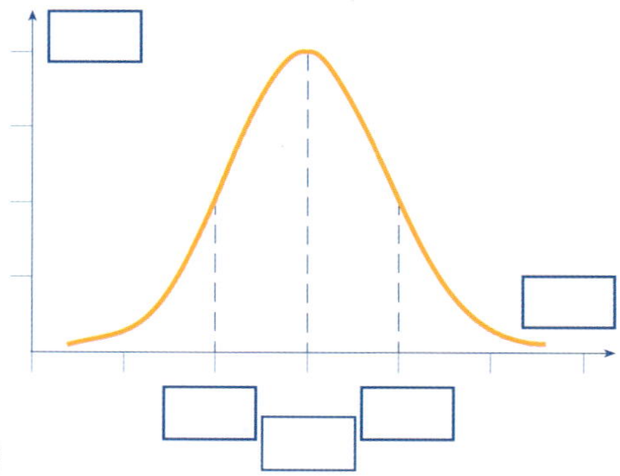

Wo stehen in der rechten Kurve f(x), x, σ und μ ?
Memorieren Sie die Bildergeschichte zu obiger Kurve f(x)!
Geben Sie anhand dieser Merk-Brücke die komplette Formel an:

$f(x) =$ .... $e^{\ldots\ldots\ldots}$

Wenn Sie diese Aufgabe lösen konnten, können Sie zukünftig noch viel kompliziertere mathematische Beziehungen und Formeln problemlos und immer schneller memorieren.

6. Struktur-Techniken

Im Zusammenspiel zwischen linker und rechter Gehirnhälfte ist das **„N“** in unserer „BRAIN POWER-Formel“ für alle relevanten Gedächtnis-Strukturen von großer Bedeutung. Mit dem Buchstaben **„N“ – für Numerieren, Sortieren, System und Ordnung** – strukturieren wir alle unsere Lebensbereiche. Hiermit geben wir einem oft verschwommenen, manchmal chaotischen Aufgabenfeld eine „Struktur“. Damit verfügen wir gleichzeitig über **ein mächtiges „Memorier-Werkzeug“,** das von folgenden Gedächtnis-Strukturen unterstützt wird (Siehe Abschnitt 1, Kapitel 6):

„Semantisches Gedächtnis“: Darunter versteht man ein reines Fakten- und Wissensgedächtnis, das aber auch für generelle Zusammenhänge von Vorteil ist.

Diese vier zentralen Gedächtnis-Strukturen sind keine grundsätzlich getrennten Funktionssysteme.

„Prozedurales Gedächtnis“: Ist für mechanische und motorische Fertigkeiten und Handlungsabläufe (Telefonnummern-Beispiel) wichtig. Das Phänomen dabei ist, daß Sie nach Erlernen einer bestimmten Tätigkeit, ähnlich wie beim Radfahren, nicht mehr bewußt denken müssen.

Alles muß zuerst einmal unter bewußter Kontrolle der Handlungs- und Bewegungsabläufe eintrainiert werden. Erst nach einer bestimmten Zeit wirkt Ihr „prozedurales“ Gedächtnis. Dann jedoch brauchen Sie nicht mehr zu überlegen, wo zum Beispiel beim Auto Bremse oder Kupplung liegen oder wie Sie schalten.

„Episodisches Gedächtnis“: Verbindet Zeit, Ort und Themen bestimmter Ereignisse aus Ihrem Erfahrungsschatz.

„Priming Gedächtnis“: Sie können sich damit leichter an ähnlich erlebte Situationen oder früher wahrgenommene „Reiz-Muster“ erinnern. So könnten Sie z. B. beim Anblick Ihrer Zimmerpalme an Ihren letzten Urlaub an einem Palmenstrand denken.

Vielleicht haben Sie beim Essen Ihres Lieblingsgerichtes, einem „Strudel“, Ihre letzte Schiffstour vor Ihrem geistigen Auge, als Sie in einer reißenden Flußströmung über „Strudel“ gefahren sind.

Eine strukturierte Mnemotechnik ist das **„klassenbildende Superieren“,** das wir im Alltag wie im Beruf häufig anwenden (oder es zumindest tun sollten). Bevor wir einem unkontrollierten Einkaufsrausch erliegen, überlegen wir wahrscheinlich, wofür wir überhaupt unser Geld ausgeben.

Unsortiert wollen wir etwa folgende Dinge ohne Zettel erledigen:

Tanken, Rasenmäher kaufen, Kaffee, Schrauben, Zimmerpalme, Wasserball, Wurst, Schreibpapier, Düngemittel, Regalbretter, Butter, Ölwechsel, Käse, Fernsehzeitung, Autowäsche, Säfte, Druckerpatrone, Tennisschuhe, Gartenschere, Dübel.

Wenn Sie diese unsortierten Begriffe bildhaft in dieser Reihenfolge richtig verknüpfen, werden Sie zwar sicher keinen davon vergessen, allerdings werden Sie bei der „Abarbeitung“ dieser vorgegebenen Reihenfolge für Ihren Einkauf vielleicht mehrere Tage brauchen.

Denken Sie also vorher nach, was zusammengehört und in einem bestimmten Laden gekauft werden kann!

Was nützt der beste Gedächtniskünstler, wenn er unstrukturiert in der Stadt oder auch im jeweiligen Geschäft herumirrt!

Sie kaufen alle Lebensmittel, wie Käse im Lebensmittelgeschäft, Druckerpatrone im Schreibwarengeschäft, Wasserball im Sportgeschäft, Regalbretter im Baumarkt, Rasenmäher im Garten-Center, Ölwechsel an der Tankstelle. Gliedern Sie nun Ihre Einkaufsliste in 6 Oberbegriffe (Baumarkt, Garten-Center usw.) und ordnen Sie diesen die passenden Unterpunkte (Dübel, Gartenschere usw.) zu. Nachdem Sie sich die Struktur der Einkaufsliste eingeprägt haben, können Sie versuchen, sich auch noch mit den bisher beschriebenen Mnemotechniken entsprechende Details, wie Zahlen, zu merken.

Mit den im Abschnitt 3 beschriebenen Gedächtnisstrategien für lange Zahlenkolonnen werden Sie solche Aufgaben schneller bewältigen.

Eine mögliche klassenbildende Strukturierung dieser unsortierten Listenelemente sehen Sie im nachfolgenden Bild. Die aufzubringende Zeit für das Memorieren der einzelnen Begriffe – und dementsprechend auch für Ihren Einkauf – wird sich bei einer hierarchischen Verknüpfung mit dieser Superiertechnik um ein x-faches verringern (Faktor x ist erfahrungsgemäß mindestens gleich 3). Haben Sie die

Gesamtstruktur der Tabelle vor Ihrem geistigen Auge, dann sehen Sie auch noch Ihre Einkaufs-Route, die Reihenfolge Ihrer Einkaufs-Stationen und die Anzahl der Posten vor sich!

Baumarkt	**Garten-Center**	**Lebens-mittel**	**Schreib-waren**	**Sport-geschäft**	**Tankstelle**
Dübel	Dünge-mittel	Butter	Drucker-patrone	Tennis-schuhe	Öl-wechsel
Regal-bretter	Garten-schere	Kaffee	Schreib-papier	Wasser-ball	Tanken
Schrauben	Rasen-mäher	Käse	Fernseh-zeitung		Auto-wäsche
		Säfte			
		Wurst			

Die Oberbegriffe der Einkaufsliste (Baumarkt usw.) sind hier auch noch alphabetisch sortiert. Wäre Ihre erste Einkaufsstation das Lebensmittelgeschäft, so vertauschen Sie die jeweiligen Spalten, wodurch sich die Randstruktur der Tabelle ändert.

Die ersten 3 Spalten sind alphabetisch, die letzten mehr thematisch sortiert. Bei Begriffen mit gleichen Anfangsbuchstaben erfolgt eine differenzierte Sortierung durch den 2. oder 3. Buchstaben (also Kaffee vor Käse).

Sind Unterpunkte, wie Säfte nochmals unterteilt, sortieren Sie diese wiederum alphabetisch (also erst Apfelsaft, dann Himbeersaft und schließlich Orangensaft). Eine solche zusätzliche Sortierung ist in vielen Fällen eine weitere nützliche Merkhilfe.

Das Einkaufen im Geschäft selbst jedoch sollten Sie in der Reihe durchführen, wo Sie diese Artikel vorfinden.

TELEFONNUMMERN

Diese können Sie sich nicht nur über bestimmte Zahl-Form-Systeme oder ähnliche Codes merken. Oft memorieren Sie viele Zahlen blitzschnell in der Reihenfolge des Wählens auch als Struktur. Malen Sie in Gedanken diese Telefonnummern im Sinne von „BRAIN POWER“ auf die entsprechende Person oder Firma. Das erste Einprägen ist sicherer, wenn Sie die Vorwahl gedanklich eventuell strichliert und in anderer Farbe zeichnen als die Durchwahl. Markieren Sie den Anfang Ihrer Nummern mit einem dicken Punkt und legen Sie Pfeilspitzen in die jeweils getippten Ziffern, bei Doppelziffern ziehen Sie Schleifen. Hilfreich kann auch der Tipp-Rhythmus sein, bei unterlegten Tönen zusätzlich die **„Melodie“.**
Als erstes prägen Sie sich die Struktur der Nummer ein und wählen diese mit geöffneten Augen. Dann tippen Sie die Nummernstruktur mit geschlossenen Augen, die sich schnell in Ihr prozedurales Gedächtnis einspeichert. Sie brauchen also – ähnlich wie beim Gehen – nicht mehr über die einzelnen Schritte nachzudenken.
Testen Sie dies bitte bei folgenden Nummern und dann bei Ihren eigenen, indem Sie diese auch noch in das Bild Ihres Ansprechpartners „reinmalen“.

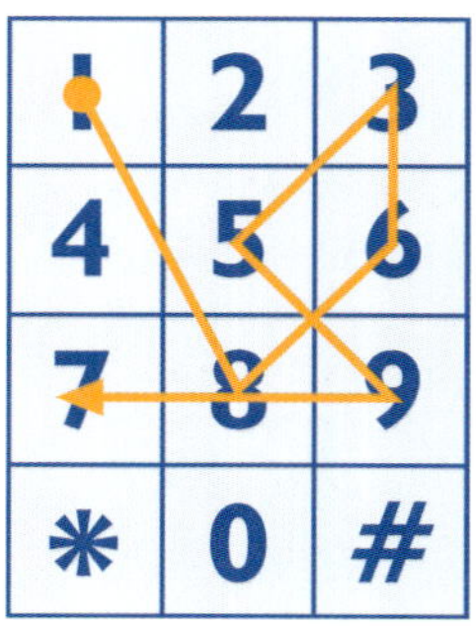

Telefonnummer: **186 35 97**

Versuchen Sie es! ....

Ein zweites Mal! ....

EU-STAATEN

Mit dem Beispiel unserer EU-Staaten soll gezeigt werden, wie Sie aufgabenspezifisch auch nach zeitlichen, räumlichen und thematischen Gesichtspunkten strukturieren können.

Mit diesen Strukturierungs-Techniken sind Sie schnell in der Lage, neue Informationen besser zu verarbeiten, diese zu erlernen und auch sehr sicher wieder „abzurufen“ beziehungsweise zu memorieren.

1. Strukturierung nach zeitlichen Gesichtspunkten

Die aktuellen 15 EU-Staaten kennen Sie bereits. Auch hier wurde in den vergangenen Kapiteln – ohne dies ausdrücklich hervorzuheben – nach verschiedenen Kriterien strukturiert. Dabei war sowohl nach der Rangfolge der Flächen, der Einwohnerzahlen als auch nach dem Bruttoinlandsprodukt (BIP) pro Kopf strukturiert worden.
Man hätte auch noch nach zeitlichen Gesichtspunkten strukturieren können, wann welche Staaten der Reihenfolge nach der Europäischen Union (EU) beigetreten sind.
Dieser Gesichtspunkt soll nun auf eine visualisierte Struktur aller bereits bestehenden sowie mittel- und langfristig geplanten, insgesamt 26 EU-Staaten angewendet werden. In drei bis vier Jahren (Stand Ende Mai 1998) sollen noch Polen, Ungarn, Tschechien, Estland, Slowenien und Zypern der EU beitreten. Diese Länder müssen ihre Wirtschaft umstrukturieren und demokratische Reformen vollziehen, bevor sie endgültige EU-Mitglieder werden können. In diesen Erweiterungsprozeß miteingebunden sind Rumänien, Bulgarien, Litauen, Lettland und die Slowakei, wobei deren schneller Beitritt jedoch nicht absehbar ist. In der Kombination Strukturierung und Struktur-Form können Sie diese Daten in wenigen Minuten unter Zuhilfenahme bereits bekannter Mnemotechniken lernen und fehlerfrei memorieren.
Als erstes strukturieren wir, um zusätzliche Informationen griffbereit zu haben, zum Beispiel wieder nach der Rangfolge der Flächen jeweils innerhalb der 3 EU-Blöcke, wie wir das bereits von unseren 15 EU-Staaten kennen.

Geben wir dieser Aufgabe eine **zeitliche Struktur-Form:**

EU-STAATEN

aktuell	Bis zum Jahr 2002	ab 2002 geplant
Mega-Bild 1	Mega-Bild 2	Mega-Bild 3
15 (bekannt)	Polen	Rumänien
	Ungarn	Bulgarien
	Tschechien	Litauen
	Estland	Lettland
	Slowenien	Slowakei
	Zypern	

Danach können wir die einzelnen neuen, geplanten Länder – ähnlich wie bei den aktuellen 15 EU-Staaten – durch Assoziationen mit etwas Bekanntem (Eiffelturm erinnert an Frankreich) verknüpfen. Fällt uns zu den einzelnen Ländern nichts Charakteristisches ein, dann hilft immer – wie beim Memorieren von Personennamen – das Assoziieren über ähnliche Klänge. Beim 2. EU-Block könnten Sie sich bei Polen die magnetischen „Pole" eines Hufeisen-Magneten oder unseren Erdball mit „Nord- und Südpolen" vorstellen, bei Ungarn eine „Garnrolle", bei Tschechien ein „Schachspiel", bei Estland ein „Land mit lauter Ästen", bei Slowenien eine „Person, die weint", bei Zypern ein „Zypressenhain". Beim 3. EU-Block könnte eine „Rumflasche" an Rumänien erinnern, eine „Bulldogge" an Bulgarien, ein „Tau" an Litauen, eine „Lotto-Trommel" an Lettland und ein „Biwak-Zelt" an die Slowakei. Mit Mega-Bildern memorieren Sie extrem schnell:

Mega-Bild 1: Französisch-Deutscher Fit-Grog „Pöidn-Blut"
Mega-Bild 2: Pute (in) Wein & Zimt
Mega-Bild 3: Rubbel-Los (Let´s wake up)

2. Strukturierung nach thematischen Gesichtspunkten

Das Strukturieren von Projektplanungen, Software-Aufgaben, komplizierteren Passagen aus Gesetzestexten usw. ist für das Verstehen (und Memorieren) von fundamentaler Bedeutung. Wie oft liest man lange Texte (meist ohne Bilder und Diagramme) und weiß danach eigentlich nicht genau, was überhaupt der Inhalt dieser Zeilen war.

Wir haben schon die 15 aktuellen EU-Staaten nach dem **Bruttoinlandsprodukt (BIP)** sortiert und wollen nun dazu schnell Zusammenhänge erlernen.
Versuchen Sie, den Ausschnitt des folgenden Wortlautes über diese Thematik – vom „Statistischen Bundesamt Deutschland" 1998 veröffentlicht – in Grob- und Feinstrukturen zu gliedern.
Erstellen Sie dafür eine ähnliche Struktur-Form wie beim vorigen Beispiel mit den 26 EU-Staaten.

„ ... Der Kernbereich der laufenden Inlands- und Sozialproduktsberechnungen besteht aus der Entstehungsrechnung, der Verwendungsrechnung und der Verteilungsrechnung. Bei der Entstehungsrechnung wird die wirtschaftliche Leistung von der Produktionsseite dargestellt. Wichtigste Größe der Entstehungsrechnung ist die Bruttowertschöpfung (BWS), also die Differenz zwischen Produktionswert und Vorleistungen. Das Bruttoinlandsprodukt zu Marktpreisen (BIP) ergibt sich aus der (unbereinigten) BWS aller Wirtschaftsbereiche durch Abzug der unterstellten Entgelte für Bankdienstleistungen und durch Hinzufügen der nicht abziehbaren Umsatzsteuer und der Einfuhrabgaben. Durch Hinzufügen der Einkommen aus der übrigen Welt folgt das Bruttosozialprodukt (BSP) ... Wenn vom BSP die Abschreibungen und die indirekten Steuern abzüglich Subventionen weggerechnet werden, erhält man das Nettosozialprodukt zu Faktorkosten (Volkseinkommen) ...
Die Verwendungsrechnung zeigt, wie die Güter aus der Inlandsproduktion und Einfuhr verwendet werden, wobei der Vorleistungsverbrauch bereits abgezogen ist. Die Aggregate der Verwendungsrechnung sind der private Verbrauch, der Staatsverbrauch, die Ausrüstungsinvestitionen, die Bauinvestitionen, die Vorratsveränderung sowie der Außenbeitrag (Ausfuhr minus Einfuhr von Gütern). Das Sozialprodukt kann im Wirtschaftskreislauf ... auch mittels der Verteilungsrechnung anhand der im Produktionsprozeß entstandenen Einkommen ermittelt werden. Zentrale Größe der Verteilungsrechnung ist das Volkseinkommen, das aus den Einkommen aus unselbständiger Arbeit, Unternehmertätigkeit und Vermögen besteht. ..."

Erst durch die Strukturierung werden Ihnen Zusammenhänge sofort klar und durch eine bildliche Verknüpfung der Einzelelemente memorierbar.

3. Strukturierung nach räumlichen Gesichtspunkten

Für viele besteht das Problem darin, komplizierte Anordnungen aus dem Kopf heraus zu zeichnen. So werden nur wenige die Konturen der einzelnen Länder Europas annähernd richtig zeichnen und die jeweiligen Hauptstädte an die passende Stelle eintragen können. Konzentrieren Sie sich auf die Umrisse und Verbindungslinien von Hauptstädten, und verwenden Sie auch eine farbliche Strukturierung. Im Bild sehen Sie einen farblichen Überblick über die EU-Staaten, wobei die **blauen** Flächen die 15 EU-Staaten darstellen. Die **roten** Gebiete sind die in 3 bis 4 Jahren zur EU hinzukommenden Staaten, die **orangen** Bereiche die langfristig geplanten EU-Länder. Die **grauen** Gebiete sind keine EU-Staaten. Rote Punkte in den blauen Flächen sind die Hauptstädte der aktuellen EU-Staaten.

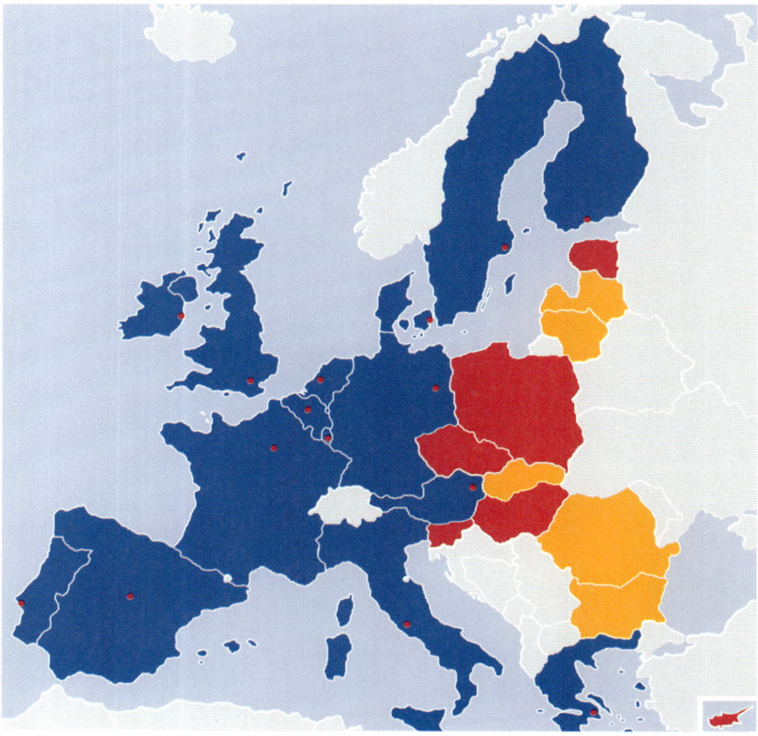

Versuchen Sie, dieses Bild mit Ihren Augen so zu „fotografieren", daß Sie mit geschlossenen Augen die gesamte Farbstruktur mit Meer, Inseln und Festland mit allen 4 unterschiedlichen Farbmustern sowie die Lage der roten Punkte so gut wie möglich vor sich haben.

Unterteilen Sie in Gedanken das Bild in 4 gleiche Quadrate, wodurch Sie eine sichere Aussage über die Lage einiger Staaten treffen können.

Umkreisen Sie zusätzlich mehrfach ganz grob die Randkontur des europäischen Festlandes und dann die der einzelnen EU-Staaten, bis deren Struktur „in Ihre Hand" geht. Dadurch wird auch Ihr „prozedurales" Gedächtnis aktiviert.

Versuchen Sie dabei gleichzeitig, sich alle Strukturen auch visuell einzuprägen. Können Sie irgendwelche Hauptachsen zwischen den einzelnen Hauptstädten der 15 EU-Länder erkennen? Diese werden Ihnen durch ihre Lage und Struktur als weitere Hilfe beim Memorieren aller EU-Staaten sehr nützlich sein.

Bei den folgenden Gedächtnisaufgaben können Sie Ihre strukturorientierten Fähigkeiten auf diesem Gebiet üben.

8. Gedächtnistest

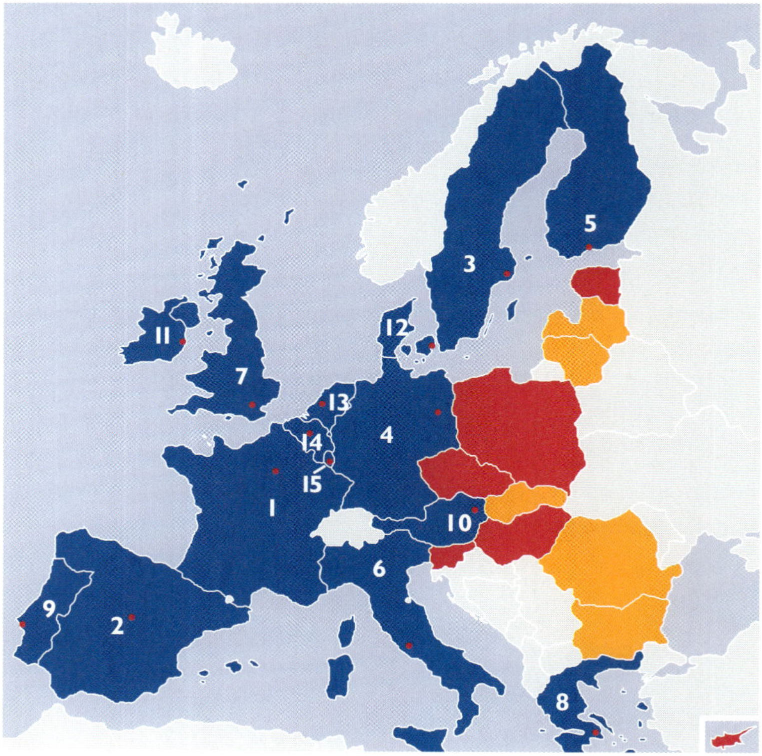

Welche Zahlen 1 bis 15 entsprechen den aktuellen EU-Staaten?

1: ………	2: ………	3: ………
4: ………	5: ………	6: ………
7: ………	8: ………	9: ………
10: ………	11: ………	12: ………
13: ………	14: ………	15: ………

1. Zeichnen Sie nun mit Bleistift die Lage der Hauptstädte der 15 aktuellen EU-Staaten in die Landkarte aus dem 8. Gedächtnistest. Stellen Sie sich dabei die Struktur-Form der Hauptachsen zwischen einzelnen Hauptstädten und das Zentrum des „Hauptachsen-Sterns" durch Luxemburg plastisch vor.

2. An welche Hauptstädte werden Sie bei folgenden Wörtern erinnert?

1: Paar Riesen ....

2: Linden ....

3: Ma(ma) tritt ... .

4: Bärlein ....

5: Atem ....

6: Rahm ....

7: Lose Abo ....

8: Wind ....

9: Kuppen mit Haken ....

10: Rüssel ....

11: „Du blind?" ....

12: Hamster auf Damm ....

13: Stock in Holm ....

14: Hell singt ... .

15: Luchs in Burg ....

3. Verknüpfen Sie jetzt diese 15 Worte bzw. „Satz-Fetzen" zu einer zusammenhängenden Bildergeschichte. Nehmen Sie sich dazu 5 Minuten Zeit. Danach memorieren Sie diese Geschichte. Dann wissen Sie die Namen der Hauptstädte, die Sie durch die angegebenen Klangähnlichkeiten assoziieren können. Außerdem haben Sie damit die Rangfolge der einwohnermäßig größten Hauptstädte der aktuellen 15 EU-Staaten gelernt (siehe Anhang: Die EU in Zahlen).

10. Gedächtnistest

Wir hatten zu Anfang dieses Kapitels eine Einkaufsliste erstellt, deren Bruchstücke im nachfolgenden Bild zu sehen sind.

1. Versuchen Sie, die Randstruktur dieser Einkaufsliste wieder richtig zu ergänzen, indem Sie die fehlenden Linien mit Bleistift einzeichnen.

2. Danach tragen Sie bitte zuerst die fehlenden Oberbegriffe und dann die entsprechenden Unterpunkte ein.

....	....	**Lebensmittel**	....	....	**Tankstelle**
Dübel	Düngemittel		Druckerpatrone	Tennisschuhe	
....	....	....	....	....	....
....	....	....	....	....	....
....	....	....	....	....	....
....	....	....	....	....	....
....	....	....	....	....	....
....	....	....	....	....	....
....	....	....	....	....	....
....	....	....	....	....	....
....	....	....	....	....	....
....	....	....	....	....	....

Wenn Sie diese Aufgabe (grundsätzlich) lösen konnten, sind Ihr strukturelles Gedächtnis und Ihre strukturorientierten Assoziationen schon gut ausgeprägt.

7. Alphabet-Systeme

Ähnlich wie bei Zahl-Form- oder Zahl-Klang-Techniken kann man auch Alphabet-Systeme sehr gut als Anker-Systeme verwenden. Der Unterschied ist nur, daß Sie statt den Zahlen nun die 26 Buchstaben des Alphabetes verwenden. Das Alphabet lernt man bereits im Kindesalter, somit weiß jeder, daß zum Beispiel der 1. Buchstabe im Alphabet das A ist. Nach A folgt als 2. Buchstabe das B, nach C kommt D usw. Ansonsten gelten die gleichen mnemotechnischen Verknüpfungs-Regeln wie in den vorigen Kapiteln beschrieben.

Theoretisch könnten Sie sich ein beliebig zusammengewürfeltes Alphabet auch aus A(ffe), B(esen), C(hip), D(ach) bis Z(eppelin) aufbauen und Ihre zu merkenden Begriffe jeweils **Brain Power**-orientiert damit verknüpfen. Beim gedanklichen „Durchblättern" Ihres Alphabetes fällt Ihnen dann viel schneller das entsprechende Schlüssel-Wort ein, da Sie zum Beispiel an 4. Stelle nur nach Wörtern suchen, die mit dem Buchstaben D anfangen.

Besser ist jedoch, wenn Sie Ihre Alphabet-Systeme auch thematisch strukturieren, also nach Tieren, Personen, Hobbies usw. Damit können Sie einerseits sehr schnell Ihr Wissen um bestimmte Bereiche erweitern und schneller „zugriffsbereit" machen, andererseits bekommen Sie bei jedem neuen Alphabet-System automatisch auch ein neues Anker-System, das Sie zum raschen Memorieren vieler Einzel-Daten als „Zwischenspeicher" einsetzen können.
Wenn Sie diese einzelnen Daten aus einem komplizierteren Zusammenhang nachträglich zusammenfassen wollen, holen Sie sich diese Begriffe oder „Satzfetzen" der Reihenfolge nach heraus und strukturieren Sie sie. Im Prinzip funktioniert diese Vorgehensweise natürlich auch bei Zahl-Form– und Zahl-Klang-Systemen. Sie haben immer eine bessere Vorstellung von Ihrem Schlüsselbild, wenn Sie dieses aus dem Bereich wählen, mit dem Sie vertraut sind oder den Sie **„im Schlaf beherrschen"**.

Wollen Sie hintereinander Hunderte von neuen Daten, Fakten, Begriffen, Details aus der Tagespresse, generell alles „Wissenswerte"

speichern, dürfte das bei nur einem Anker-System mit 26 Schlüsselwörtern vermutlich Probleme bereiten.
Um sich alle Informationen zu merken, müssten Sie an ein Schlüsselwort jeweils mehrere neue Begriffe parallel „anhängen“ oder in einer Reihe mehrfach verknüpfen.

Außerdem müssen Sie bei nur einem Anker-System immer alles überschreiben, was sich an bestimmten Stellen durch vorherige Memorier-Aktionen bereits eingeprägt hat. Dadurch ist beim häufigen Memorieren möglicherweise die Gefahr eines Vertauschens von neuen mit bereits gespeicherten Begriffen gegeben.

Bei intensiverer Übung können Sie andererseits dieses Problem des möglichen Vertauschens bei mehrfacher Verwendung des gleichen Anker-Systems, hier Alphabet-System, durch verschiedene wirksame „Tricks“ umgehen: Unterlegen Sie zum Beispiel jede neue Memorier-Aktion mit einem zum Thema passenden Hintergrundbild oder „malen“ Sie die Schlüsselwörter bei hintereinander liegenden Gedächtnis-Proben mit unterschiedlichen Farben an (etwa beim 1. Durchgang „Tannengrün“ =1, beim 2. Durchgang „Azurblau“=2 usw.). Sie können jedoch auch wieder bekannte Mnemotechniken miteinander kombinieren. So werden Sie bei einem A(ffen), der mit einer „Kerze“ (=1 als Zahl-Form) in der Hand den neu zu verknüpfenden Begriff (etwa „Butter“) schmilzt, an den 1.Begriff im 1. Durchgang erinnert. Sticht dieses Tier mit einem „Dreizack“ (=3 als Zahl-Form) in diese Butter, so wissen Sie, daß dies der 1. Begriff im 3. Durchgang war. Haben Sie in jedem Durchgang immer alle 26 Schlüsselwörter verknüpft, ist klar, daß „Butter“ an 53. Stelle steht: 2 Durchgänge x 26 Buchstaben + 1. Buchstabe im 3. Durchgang = 53.

Verwenden Sie ein Zahl-Form-System bis 100, so könnten Sie sich mit dieser Kombinations-Methode schon 2600 Begriffe in der richtigen Reihenfolge merken - und das mit einem einzigen Alphabet-System! Haben Sie „nur“ die im Kapitel II.3 vorgeschlagenen ersten 15 Zahl-Form-Symbole sicher vor Ihrem geistigen Auge, ist es möglich, sich immerhin noch an 26 x 15 = 390 Begriffe zu erinnern. In diesem Zusammenhang soll besonders betont werden, daß man durch Kombination unterschiedlicher, aber geeigneter Mnemo-

techniken seine Gedächtnis-Leistung in kürzester Zeit nahezu „explodieren" lassen kann. Haben Sie viel mit Computern zu tun, so machen Sie sich doch als erstes IHR Alphabet, das ausschließlich zum Beispiel mit PCs, Peripherie und Vernetzung zu tun hat.
Diese „Bilder" haben Sie ja ständig vor sich!

Sind Sie ein großer Freund von Tieren, haben beruflich damit zu tun oder besuchen häufig einen Zoo, dann fangen Sie vielleicht mit **Ihrem** Tier-Alphabet an.

Sind Sie täglich mit vielen Menschen zusammen oder interessieren Sie Persönlichkeiten aus der Politik, Wirtschaft, Wissenschaft, Modebranche, Kunst, Sport usw., dann starten Sie mit **Ihrem** ganz speziellen Personen-Alphabet.

Viele von uns können mit Menschen ein besonders plastisches Personen-Alphabet aufbauen. Wählen Sie dabei aber primär Persönlichkeiten aus, die Sie besonders gut aus Ihrem direkten Lebensumfeld, Ihrer Familie, aus Büchern (mit Bildern) und/oder aus den Medien kennen. Auf den nächsten drei Seiten finden Sie spezielle Vorschläge, an denen Sie gleichzeitig auch Ihre Merkfähigkeit für Namen und Gesichter trainieren können.

Man kann für alle Lebens- und Wissensbereiche wirksame Alphabet-Systeme aufbauen.

Begriffe, Zusammenhänge und Zahlen durch Klangähnlichkeiten zu assoziieren, wurde in den bisherigen Kapiteln schon ausführlich geübt. Im vorgestellten Personen-Alphabet können Sie Ihre erlernten Fähigkeiten natürlich auch anhand der vorgeschlagenen Namen überprüfen.

Bei einigen einfacheren Namen fallen Ihnen sicher sofort entsprechende „Merk-Hilfen" ein. Erinnert Sie ein Name von einer ähnlichen Schreibweise oder vom Klang her an eine bekannte Persönlichkeit, einen Verwandten, Freund oder Kollegen, so verbinden Sie ihn damit. Enurmi Paavo klingt fast wie der finnische Wunderläufer Nurmi.

Stellen Sie sich zum Beispiel vor, daß es „**e**(norm) ist, daß **Nurmi** sogar gegen **Pav**iane läuft" und gewinnt. In Ihr Personen-Alphabet können Sie auch ganze Personengruppen aufnehmen, wie zum Beispiel die „Beatles" aus Großbritannien, oder die „Regensburger Domspatzen" aus Deutschland usw.

Personen-Alphabet von A – Z

Avignon Mireille

Buenos Salvadore

Crenn-Holm Hubert

Diesel Rudolf

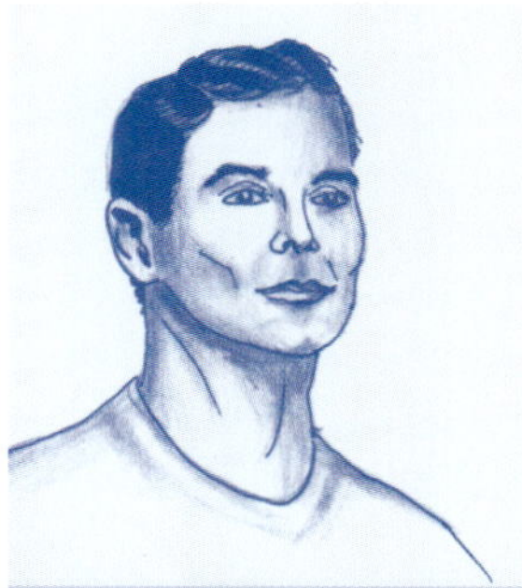

Enurmi Paavo

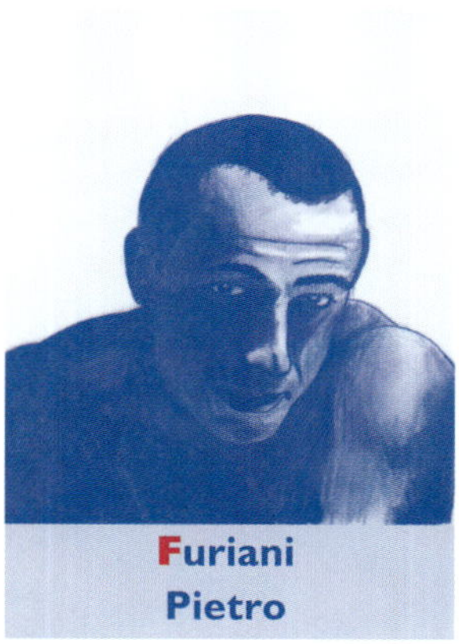

Furiani Pietro

Grandbus Tony

Homer Elias

Ipogala
Lisa

Joder-Austermann
Winfried

Kathopro
Debby

Locke-Hagen
Sonja

Maholle
Johann

Noir-Belle
Vanda

Ochsenburg
Lena

Poytila
Karola

Quidapest
Laslo

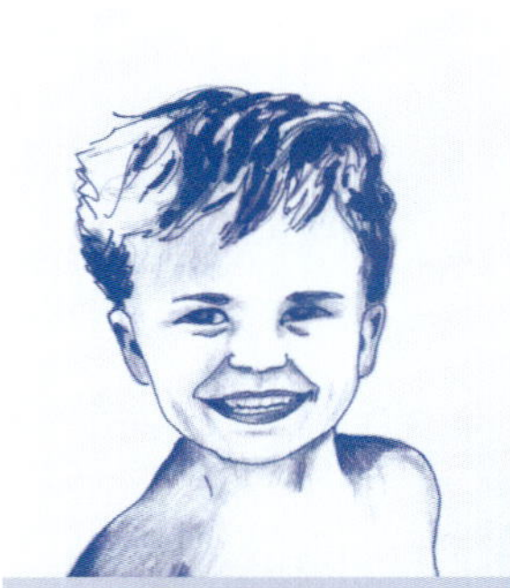

Rutschek
Karel

Sestlan
Wolfram

Thellsowenić
Dordje

Upern
Zita

Vampirescu
Roman

Wulgar
Hristo

Xelit-Auern
Eulalia

Yetilan
Peter

Zolwak
Helga

Bei komplizierteren Namen, wie etwa bei Joder-Austermann Winfried können Sie kreativ Ihrer Phantasie freien Lauf lassen. Wenn Sie sehen, wie mit „**Jod** eine **Auster** von diesem **Mann** inmitten **Wien**s **Fried**hof" bepinselt wird, haben Sie seinen Vor- und Nachnamen immer „abrufbereit". Sind Sie ein Freund der Volksmusik, dann stellen Sie sich vielleicht vor, daß ein „Jodler in Austria ein Mann ist, der oben auf den Bergen jodelt und dabei im Wind friert".

Ihrer Phantasie sind keine Grenzen gesetzt. Sie können sich bei etwas Übung durch unterschiedliche „Mega-Bilder" immer schneller an Namen erinnern.

Versuchen Sie nun bitte selbst, sich die restlichen Namen dieses Personen-Alphabetes möglichst schnell anhand der skizzierten Hinweise durch geeignete Assoziationen zu merken.

Die einzelnen Vor- und Nachnamen erinnern vom Klang her, in Bruchstücken oder über Querassoziationen an die flächenmäßig sortierten EU-Staaten in 3 Blöcken: Von „A" bis „O" die 15 aktuellen, von „P" bis „U" die mittelfristig geplanten und von „V" bis „Z" die langfristig erwarteten EU-Mitglieder.

Haben Sie dieses Personen-Alphabet plastisch vor Ihrem geistigen Auge, kann es ein weiteres ausgezeichnetes Anker-System sein, in das Sie wiederum neue Informationen „einhängen" bzw. verknüpfen können. Merk-Hilfen sind dabei einerseits die jeweiligen Anfangsbuchstaben des Alphabetes und die strukturelle Anordnung der Bilder. Besonders wichtig ist jedoch, daß Sie Ihre Namen mit den entsprechenden Gesichtern richtig verknüpfen und nicht untereinander vertauschen. Achten Sie dabei immer auf charakteristische Merkmale von Kopf und Gesicht.

Zum Beispiel heißt in Hochsicherheits-Zonen das „Zauberwort" für den Computer bei der automatischen Gesichts- und Personenkontrolle „Abstraktion". Im Sinne dieser „Vereinfachung" werden wesentliche Merkmale, die das Gesicht einer Person unverwechselbar machen, analysiert.
Lassen Sie Ihrer Phantasie freien Lauf. Übertreiben Sie, verzerren Sie usw. im Sinne unserer „Brain Power-Regeln" wie ein Karikaturist.

Im Buch **„Nichts vergessen"** von **Tony Buzan** werden die wichtigsten Punkte beschrieben, wie Sie sich neben Namen auch Gesichter gut einprägen können. In Anlehnung an dieses Buch ein kurzer Auszug von 12 Kriterien, auf die Sie beim Gesicht achten sollten:

1. **Kopf:** groß, mittel oder klein; jeweils in sich nochmals strukturiert in quadratisch, rechteckig, rund, oval, dreieckig usw.
2. **Haar:** Kopf und Gesicht, lang, kurz, voll, spärlich, kraus, glatt, Glatze, Vollbart, Oberlippenbart, auffallende Farbe usw.
3. **Stirn:** hoch, weit, fliehend, schmal, glatt, zerfurcht usw.
4. **Augenbrauen:** dick, dünn, lang, kurz, buschig usw.
5. **Wimpern:** lang, kurz, dicht, dünn usw.
6. **Augen:** groß, klein, vorstehend, tiefliegend, schräg, farbig, ausdrucksstark, Tränensäcke, hängende Augenlider usw.
7. **Nase:** groß, klein, Stups-, Adler-, Knollennase, gerade Nase, mit Nasenlöchern groß, klein, haarig usw.
8. **Wangen:** vorspringend, hoch, sanft, Grübchen, pausbäckig usw.
9. **Ohren:** groß, klein, deformiert, rund, länglich, abstehend, Ohrläppchenformen, dick, normal, unförmig usw.
10. **Lippen:** schmal, wulstig, breit, spitz, klein usw.
11. **Kinn:** lang, kurz, spitz, quadratisch, hervorstechend, fliehend, mit Grübchen usw.
12. **Haut:** glatt, rauh, dunkel, hell, fettig, narbig, fleckig, runzelig, faltig, sommersprossig usw.

Versuchen Sie nun, jeden dieser 12 Begriffe nacheinander mit den 26 Bildern des vorgeschlagenen Personen-Alphabetes in allen Varianten zu verknüpfen. In Sekundenschnelle wird dann der Kopf von etwa Buenos Salvadore groß, mittel, klein, quadratisch oder rund.

Versuchen Sie, die nachstehenden Bilder durch die richtigen Namen zu ergänzen. Dabei sind die Gesichter in der Reihenfolge willkürlich vertauscht worden. Versuchen Sie, aus den einzelnen Namen des Personen-Alphabetes auf die einzelnen Länder aller aktuellen und geplanten Mitglieder der EU zu schließen. Beispiel: Diesel war der Erfinder des Diesel-Motors, also Deutschland.

Nachname
Vorname
Land

Diesel
Rudolf
Deutschland

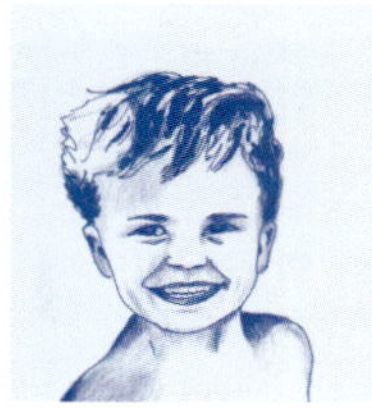

8. Uhren-Systeme

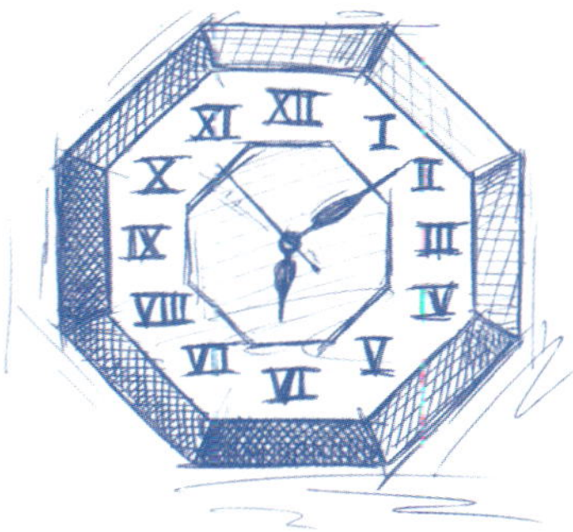

Ähnlich wie bei Zahl-Form- und Zahl-Klang-Techniken oder den Alphabet-Systemen können auch Uhren-Systeme sehr gut als „Anhänge“- oder Anker-Systeme benutzt werden.

Die Uhr ist uns allen von Kindheit an bekannt. Wenn Sie Ihre Begriffe, Bilder usw. von 1 bis 12 in den Innenbereich des Zifferblattes, die von 13 bis 24 außen am Rand positionieren, bekommen Sie eine Anordnung, die an ein strukturiertes Mind Map® erinnert. Wie in den vorigen Kapiteln gezeigt, können Sie die Wirksamkeit von Mnemotechniken noch steigern, wenn Sie sinnvoll kombiniert werden.

Steigern Sie Ihre Merkfähigkeit, indem Sie verschiedene Methoden kombinieren.

Zum Beispiel kann dieses Uhren-System mit dem Alphabet-System so verquickt werden, daß Sie ein Schlüssel-System für eine unheimlich schnelle Memorier-Fähigkeit erhalten. Als Alternative zum Personen-Alphabet wird diesmal das Tierreich bemüht.
Mit solchen Systemen sind auch schöne Gehirnjogging-Aufgaben möglich, bei denen gleichzeitig die rechte und linke Gehirnhälfte trainiert werden.

Der Autor Wolfram Stanek hat im Rahmen von Gedächtnis-Demonstrationen im Deutschen Fernsehen unter anderem eine 30stellige, erweiterte Einkaufsliste auch mit diesem Uhren-Tier-Alphabet durchgeführt.
Anhand dieser gestellten Gedächtnisaufgabe werden Sie am Schluß dieses Kapitels selbst sehen, daß Sie mit diesem Mnemonik-System auch im Fernsehen auftreten könnten.

Für alle die Leser, die sich mit einem Tier-Alphabet als Anker-System auseinandersetzen wollen, ein Vorschlag für eine mögliche Auswahl. Sie sollten diese Liste dort ändern, wo SIE für sich ein geeigneteres Tier vor sich haben.
Wichtig ist, daß Sie sich jedes Tier plastisch vorstellen, also auch, wie es brüllt, schmatzt, faucht usw.

1	A	Affe	
2	B	Buntspecht	
3	C	Chamäleon	
4	D	Dinosaurier	
5	E	Elefant	
6	F	Frosch	
7	G	Gans	
8	H	Hund	
9	I	Igel	
10	J	Jaguar	
11	K	Känguruh	
12	L	Lama	
13	M	Murmeltier	
14	N	Nashorn	
15	O	Ochs	
16	P	Papagei	
17	Q	Qualle	
18	R	Robbe	
19	S	Schwein	
20	T	Taube	
21	U	Uhu	
22	V	Viper	
23	W	Weißstorch	
24	X	Eide„X“e	
25	Y	Yeti	
26	Z	Zebra	

Die Erweiterung von 26 auf 30 Positionen wurde beim Uhren-Tier-Alphabet auf der gegenüberliegenden Seite mit Hilfe des klassenbildenden Superierens durchgeführt. Dabei wurden nur noch Begriffe aus dem Tierreich gewählt, die mit „Z“ anfangen und deren 2. und 3. Stellen die Reihenfolge festlegen: „Zebra“ an 26. Stelle kommt vor „Zecke“, diese vor „Ziege“ und diese wiederum vor „Zitteraal“. Zum Schluß steht eindeutig „Zoo“.

27
29
30
ZOO
26
28
25
24
12
21
9
3
15
6
18
O. Golub

12. Gedächtnistest

Nachstehend die 30stellige Einkaufsliste, die im ZDF wahlfrei vom Moderator abgefragt wurde: „Was stand zum Beispiel an 22. Stelle?“

1	200 g Butter	11	4 Flaschen Bier	21	Zucker
2	1 Liter Milch	12	Thymian	22	15 Rollmöpse
3	Brötchen	13	Waschpulver	23	Überraschungseier
4	Pfeffer	14	Enthaarungscreme	24	3 Kämme
5	10 Rollen Tapeten	15	Zitronen	25	Ohrringe
6	Kekse	16	Kondome	26	Fernsehprogramm
7	1 Tafel Schokolade	17	Zahnseide	27	Kaugummi
8	Äpfel	18	1 Fliege	28	Tortenboden
9	Marmelade	19	Tofu	29	100 g Tee
10	Zwiebeln	20	45 g Hackepeter	30	Haarspray

Versuchen Sie, jedes „Schlüssel“-Tier unserer Tier-Uhr mit den jeweiligen Posten der 30stelligen Liste in maximal 15 Minuten plastisch zu verknüpfen. In unserem Fall stellen Sie sich etwa vor, wie als erstes ein Affe mit seinem Finger 200 g in eine Butter „graviert“, als zweites flattert ein Buntspecht auf eine Flasche Milch und hämmert wie ein Preßlufthammer „1 Liter“ in das Glas usw. bis zur 30. Stelle.

Lassen Sie Ihrer Phantasie freien Lauf – es lohnt sich!

Decken Sie die obenstehende Tabelle ab und versuchen Sie, die Aufgabe zu lösen!

	Thymian	8			Zucker
20			200 g Butter	4	
23		28			Brötchen
	Kaugummi		Zitronen	5	
17		14		22	
	Kekse	24			Fernsehprogramm
25		16		11	
9			1 Fliege		Waschpulver
	Haarspray	19		29	
10			1 Liter Milch		1 Tafel Schokolade

1: Memorieren Sie die folgende 50stellige Zahl in 2 Sekunden:

2	0	1	5	1	4	2	5	0	2	2	1	2	6	0	1	1	4	2	1	1	4	0	4	2
3	1	5	1	2	0	6	1	8	0	1	1	3	1	9	2	0	0	1	1	4	0	5	1	1

Sprechen Sie beim auswendigen Wiederholen jede Ziffer im Sekunden-Takt! Selbst wenn der Hinweis gegeben wird, daß Sie beim Memorieren nur die beiden Autoren-Namen „Tony Buzan und Wolfram Stanek" vor Ihrem geistigen Auge haben sollen, wird es auf der Welt kaum einen Menschen geben, der diese Aufgabe in 2 Sekunden löst. Verwenden Sie jedoch das Uhr-Tier-Alphabet, dann wiederholt jeder Mensch bei nur geringer Übung die obige 50stellige Zahl im Sekunden-Takt für jede Ziffer: Der Buchstabe „T" steht im Alphabet an 20. Stelle, das „O" an 15. Stelle, das „N" an 14. Stelle, das „Y" an 25. Stelle usw. Die einstelligen „Zahlen", wie zum Beispiel das „B" an 2. Stelle des Alphabetes, sind hier immer mit einer „0" vorgestellt, also „A"=01, „B"=02, „C"=03 usw.

Buchstabieren Sie doch jetzt so schnell wie möglich Ihren Vor- und Nachnamen als lange Kette 2stelliger Zahlen.

2: Finden Sie 26 wichtige Begriffe zum Lern- und Gedächtnistraining. Diese sind nachfolgend zeilenweise von rechts nach links alphabetisch von „A" bis „Z" angeordnet. Lesen Sie jeden Begriff konzentriert durch. Zählen Sie gleichzeitig in jedem Wort die Anzahl der Buchstaben „E" und addieren Sie diese als Gehirnjogging-Übung bis zum Schluß.

NEMETSYSKNEDNENRELRETUPMOCSUMHTYHROIBNELKYZSTÄTIVITKA
MROFNIEMETSYSSFLIHNETRASINTHCÄDEGTÄIDDNUSSENTIFNENNAPST
NESUAPNRELRENHEDREHCIEPSZRUKGNIGGOJGNUTIEBRAREVSNOITA
AHPRUTKURTSDNUNOITASINAGRORETHCISEGDNUNEMANSPAMDNIM
ASEGATNEIGETARTSNENRELRETSARSNEBELSEDTÄTILAUQEISATN
HCAFXGNUDLIBRETIEWEVRUKSNESSEGREVESSÜLFNIETLEWMUFUALB
REDLIBDNUNELHAZAGOYGNUTSIELE

Wie viele „E" gibt es insgesamt? ....

9. Raum-Systeme

Raumsysteme wurden schon von den alten Römern verwendet. Eine andere Bezeichnung dafür ist der Begriff **„Loci-Systeme"** als „Orte-Assoziation" („Lokus" = allgemein „ORT"). So hingen sich zum Beispiel römische Senatoren alle Dinge, die sie sich merken wollten, an bestimmte Gegenstände in ihrem Haus, ihrer Wohnung, einem bestimmten Zimmer oder im Park auf.

Wie Sie diese **„Brain Power"-orientiert** verknüpfen, haben Sie bereits ausführlich mit anderen Anker-Systemen in den vorausgegangen Kapiteln geübt. Sie können als „Anker" natürlich auch markante Sehenswürdigkeiten auf Ihrer Fahrt zum Arbeitsplatz nutzen, dann bekommen Sie ständig wachsende Anker-Systeme.

Auch Ihr Körper ist eine „räumliche Anordnung". Damit haben Sie immer ein funktionierendes Anker-System griffbereit – Sie brauchen sich nur selbst oder Ihren Gesprächspartner anzusehen. Wenn Sie von unserem wunderbaren Weltraum fasziniert sind, können Sie auch hiermit ein weiteres durchnumeriertes Raum-System bilden usw.

Beim Erfinden und Aufstellen von praktisch unendlich vielen Raum-Systemen sind Ihrer Phantasie und Kreativität keine Grenzen gesetzt!

Nachfolgend können Sie das Prinzip des Raum-Systems anhand der Loci-Systeme „Wohnzimmer", „Mensch" und „Planeten-System" verstehen und üben.

Raumsystem „WOHNZIMMER"

Das skizzierte Wohnzimmer können Sie als fiktiven Raum verwenden. Noch besser ist es, wenn Sie sich gleich einmal in Ihrem Zimmer umschauen und zum Beispiel **Ihre** 10 „Orte" wählen, in die Sie dann einige Sachen „reinhängen". Diese Dinge können Sie sich dann noch schneller merken, da Sie ja Ihre Wohnungseinrichtung plastisch und realistisch vor Ihrem Auge haben. Zeichnen Sie die 10 ausgewählten Orte auf ein eigenes Blatt Papier. Numerieren Sie immer nach einem bestimmten Schema. Vielleicht wählen Sie diese Orte gegen den Uhrzeigersinn erst im Bereich der Außenwände und zum Schluß die Decke mit Lampe (eventuell auch noch den Boden mit Teppich usw.).

1: Sofa
2: Tisch
3: Bücherregal
4: Zimmerpflanze
5: Heizkörper
6: Vogelkäfig
7: Fernseher
8: Klavier
9: Radio
10: Lampe

Prägen Sie sich diese 10 Orte – entweder anhand des Vorschlages oder in Ihrem Zimmer – genau ein.
Sie können die Wirksamkeit dieser Mnemotechnik bei einem Gedächtnistest am Schluß dieses Kapitels ausprobieren.

Raumsystem „MENSCH“

Den skizzierten Körper können Sie als fiktiven „Raum“ übernehmen. Noch besser ist es auch hier, wenn Sie den Körper durchnumerieren, wie es **Ihnen** „vorschwebt“. Hängen Sie die Dinge an Ihre „Körper-Orte“, die Sie sich schnell merken wollen.

Prägen Sie sich diese zehn Orte – entweder anhand des Vorschlags oder Ihrer eigenen Person – genau ein. Sie können auf ein separates Blatt Papier auch eine eigene Figur zeichnen oder die bestehendende verändern (benutzen Sie ein Transparentpapier).

Skizzieren Sie grob die Figur, mit der Sie zukünftig „arbeiten“ wollen. Numerieren Sie jedoch auch hier immer nach einem bestimmten Schema. Vielleicht fangen Sie bei den Füßen an und hören beim Kopf auf – oder umgekehrt.

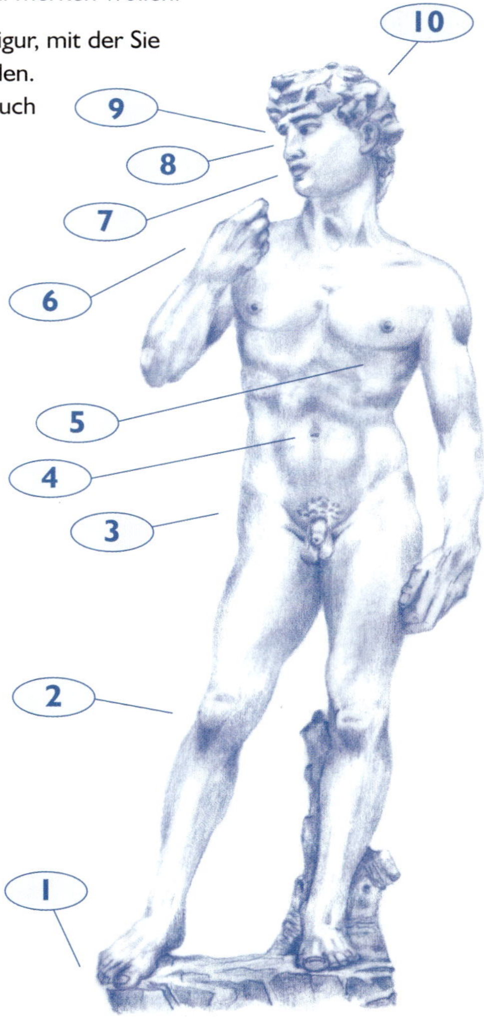

1: Fuß mit Zehen
2: Knie
3: Po
4: Nabel
5: Herz
6: Hand mit Finger
7: Mund mit Zunge
8: Nase
9: Augen
10: Haare

Raumsystem „PLANETEN-SYSTEM“

Die 9 Planeten unseres Sonnensystems können Sie sich schnell durch die Merkbrücke „**ME**ein **VE**tter **ER**klärt **M**i**R** **J**eden **SA**mstag **U**nsere **NE**un **PL**aneten“ merken. Gleichzeitig haben Sie hiermit die Reihenfolge der Planeten im Abstand von der Sonne memoriert. Im Anhang finden Sie weitere Daten zu unseren Planeten als „winziges Raum-System“ im gigantischen Weltraum.

MErkur
VEnus
ERde
Ma**R**s
Jupiter
SAturn
Uranus
NEptun
PLuto

Prägen Sie sich die folgenden 10 Orte unseres Sonnensystems mit den Planeten, deren Anordnung und den tatsächlichen Durchmesser-Verhältnissen genau ein (siehe Anhang Seite 126). Die Sonne ist aus Platzgründen jedoch nur halb so groß gezeichnet. Der Erd-Durchmesser mit 12 756 km ist 11mal kleiner als der des Jupiter und 109mal kleiner als der der Sonne!

1: „Meer-Kur“
2: Venus(muschel)
3: Erden-Globus
4: Mars(riegel)
5: Jupiter (Gott)
6: Satan (Teufel)
7: Uran-Bombe
8: Neptun (Wassermann)
9: Pluto (Hund)
10: Sonne

14. Gedächtnistest

Versuchen Sie nun, mit den 3 Raum-Systemen die vom Fernsehen vorgegebene Einkaufsliste strukturierter zu memorieren. Ein wichtiger Effekt bei dieser Übung ist, daß Sie dieselben 30 Begriffe aus dem Fernsehtest jetzt nach anderen Kriterien sortiert genau so sicher memorieren können. Verknüpfen Sie auch hier jeden Schlüsselbegriff mit den jeweiligen Posten der jetzt strukturierten, **neuen**, Einkaufsliste plastisch miteinander:

1	1 Liter Milch	11	Tortenboden	21	3 Kämme
2	200 g Butter	12	Brötchen	22	Haarspray
3	Tofu	13	Äpfel	23	Zahnseide
4	Pfeffer	14	Zitronen	24	Enthaarungscreme
5	Thymian	15	Zwiebeln	25	Kondome
6	Zucker	16	100 g Tee	26	Waschpulver
7	Marmelade	17	4 Flaschen Bier	27	1 Fliege
8	Überraschungseier	18	45 g Hackepeter	28	10 Rollen Tapeten
9	1 Tafel Schokolade	19	15 Rollmöpse	29	Fernsehprogramm
10	Kekse	20	Kaugummi	30	Ohrringe

1. Einprägen dieser Einkaufsliste mit **neuer** Reihenfolge:
   a) Raum-System „Wohnzimmer" (1 ... 10)
   b) Raum-System „Mensch" (11 ... 20)
   c) Raum-System „Planeten-System" (21 ... 30)

2. Memorieren Sie bitte nochmals die **alte** Einkaufsliste mit unserem „Uhren-Tier-Alphabet" so schnell wie möglich in der **alten** Reihenfolge.

Ablenkung: Lenken Sie sich bewußt etwa 2 Minuten durch Musik, Sport oder etwas Gymnastik ab. Dann bitte absolute Konzentration!

3. Als besondere Herausforderung: Gleichzeitiges Memorieren der alten **und** neuen Einkaufsliste, zum Beispiel:
„100 g Tee" – Wo? – (alt: 29. Stelle, neu: 16. Stelle) oder:
„An 17. Stelle" – Was? – (alt: „Zahnseide", neu: „4 Flaschen Bier")

10. Wissens-Systeme

Alle Mnemotechniken lassen sich auch auf jedes Wissensgebiet der Menschheit, das sogenannte **Universalwissen**, anwenden. Wahrscheinlich war Leonardo da Vinci das letzte „Universalgenie“, der nicht nur als Maler, sondern auch als Bildhauer, Naturforscher, Ingenieur und Erfinder Bahnbrechendes geleistet hat.

Da sich das Wissen der Menschheit in vielen Bereichen in etwa 2 bis 4 Jahren **verdoppelt**, kann heute kein Mensch mehr alles wissen. In der **Software**-Technik ist die „Halbwertszeit des Wissens“ häufig sogar nur im Bereich von einigen Monaten bis zu einem Jahr anzusetzen. Einige Herausgeber von **Lexika** haben in ihren Werken schon sehr nützliche Überlegungen realisiert, dem Leser nicht nur eine alphabetische Auflistung, sondern auch eine inhaltliche Differenzierung der verschiedenen Stoffgebiete anzubieten. Durch diese strukturierte Aufbereitung des Wissens werden Zusammenhänge klarer.

Man kann durch Querassoziationen nicht selten auch überraschend einfache Lösungen in und aus benachbarten Gebieten erhalten. Sie müssen sich nur richtig „erinnern“, um diese Gedanken „abrufen“ und dann auch entsprechend „einordnen“ zu können.

Nur wenige Menschen sind heute in der Lage, aus dem Kopf die zentralen Bereiche unseres Universalwissens – also nur die „Überschriften“ – angeben zu können. Für Ihre Assoziations-Fähigkeit, Ihre **Memory Power** und nicht zuletzt für Ihre Kreativität wäre es jedoch vorteilhaft, wenn Sie die zentralen Wissensgebiete vor Ihrem „geistigen Auge“ haben und diese auch schnell abrufen könnten.

In Anlehnung an einen möglichen Klassifizierungsgedanken aus dem Lexikon **„Enzyklopädie Britannica“** wird in diesem Kapitel für das „Überschriften-Memorieren“ des Unversalwissens von 1 bis 24 durchnumeriert. So haben Sie zusätzlich wieder ein neues Anker-System.

Eine Einteilung in 24 Bereiche hat für das Memorieren den bekannten Vorteil, daß Sie sich hinsichtlich der Positionen 1 bis 24 nur an eine Uhr erinnern müssen.

Bei der Auflistung dieser einzelnen Wissensbereiche wurde auch das Alphabet mitberücksichtigt. Fangen 2 Bereiche mit dem gleichen Buchstaben an, dann wurde nach dem 2., 3. oder 4. Buchstaben „differenziert". So steht also zum Beispiel der Wissensbereich „GeoGraphie" vor „GeoLogie", da der Buchstabe „G" im Alphabet vor „L" kommt usw.

Alle Wissensbereiche und Untergruppen werden durch diese Klassifizierung **Mind Map**®-orientiert wieder zu neuen „Wissens-Systemen" bzw. „Anker-Systemen". Im Wissensbereich **„Biologie"** haben wir zum Beispiel schon als Raum-System den „Menschen" mit 10 „Orten" und das Uhren-Tier-Alphabet mit 30 „Orten" kennengelernt.

Im Wissensbereich **„Astronomie“** hatten wir unser Sonnen-System mit 10 „Orten“ als neues kleines Anker-System erstellt.
Im Wissens-Bereich 24, der als Querschnitt-Disziplin auf alle Wissensgebiete einwirkt, könnten Sie neben den durchnumerierten Gedächtnis-Funktionen „Rechts-Links-Gehirn“ auch ein „Computer-Alphabet“ verwenden usw.

Unser EU-Staaten-Beispiel berührt mehrere Wissensbereiche – nicht nur die **Geographie**.

In diesem Buch sind im Sinne von **„Memory Power“** exemplarisch verschiedene Wissensbereiche des Universalwissens ausgewählt worden.

Eine weitere Möglichkeit einer Systematisierung von Wissens-Systemen auf der Basis von Dezimal-Systemen kann nach der Behandlung des Abschnitts III. noch besser verstanden werden.

Mit dieser übergeordneten – an eine Uhr angelehnten – Systematik können Sie Ihr Wissens-Netzwerk und Ihre Allgemeinbildung permanent wachsen lassen.

Wenn Sie bei allen für Sie wichtigen Teilbereichen immer versuchen, gleichzeitig ein weiteres „Wissens-System“ aufzustellen, lernen Sie den neuen Stoff unheimlich schnell und dauerhaft. Außerdem kann das jeweils neue Wissens-System wiederum auch als neues Anker-System für Ihr Memorieren aller Daten und Fakten in der Schule, im Studium, im Beruf und in der Freizeit dienen.

Wählen Sie für jedes dieser 24 zentralen, in sich zusammenhängenden Teilgebiete des Universalwissens ein geeignetes Bild. Entsprechende Vorschläge sind nachfolgend zwar angegeben, jedoch können diese teilweise durch Ihre Assoziationen aus Ihrem speziellen Berufsfeld und persönlichen Erfahrungsschatz noch besser angepaßt werden.

Damit Sie wissen, was die thematisch zusammengefaßten Teilbereiche unseres Universalwissens grob bedeuten, nachfolgend jeweils eine kurze Bemerkung und ein Bildvorschlag dazu.

1	**Anthropologie & Ethnologie**	Wissenschaft von der Entwicklung des Menschen & Völkerkunde	
2	**Archäologie & Altertümer**	Altertumskunde & Erforschung von Hinterlassenschaften, Ausgrabung	
3	**Astronomie**	Himmelskunde, Sternenkunde, Erscheinungen im Weltraum	
4	**Biologie**	Wissenschaft vom Lebendigen: Pflanzen, Tiere, Menschen	
5	**Chemie**	Wissenschaft vom Aufbau und der Umwandlung von Stoffen	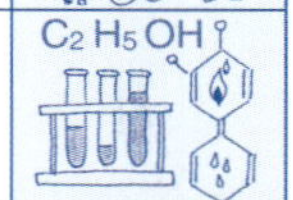
6	**Geographie**	Erdkunde, Erscheinungen und Räume auf der Erdoberfläche	
7	**Geologie**	Erdgeschichte, Material, Aufbau und Gestaltung der Erdkruste	
8	**Geschichte**	Geschehnisse, in denen die Menschheit erwachsen ist, sich verändert hat	
9	**Industrie & Berufe**	Industriezweige, Produktion, Arten von Beschäftigungen	
10	**Ingenieurwesen & Technik**	Z. B.: Elektrotechnik, Maschinen-, Berg- und Hochbau, ...	
11	**Künste & Musik**	Alle Künste, wie Malerei, Plastik, Architektur, Theater, Instrumente, ...	
12	**Lernen, Bildung, Lehren, ...**	Lernen, optimal zu lernen durch Erziehung, Aus- und Weiterbildung	

13	**Literatur**	Gesamtheit aller schriftlich nieder-gelegten Zeugnisse, v. a. Dichtung	
14	**Mathematik**	Alle Aufgaben mit Zählen, Rechnen, Messen, Zahlen & Geometrie ...	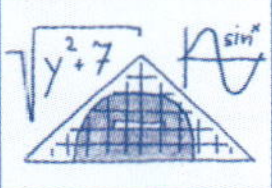
15	**Medizin**	Wissenschaft von Lebewesen: von Erkennung, Heilung bis Verhütung	
16	**Militärtechnik & Seefahrt**	Militärische Strategien & Waffensysteme, Transport, ...	
17	**Philosophie & Psychologie**	Zusammenhänge des Seins, Lebensgrundsätze & Verhalten	
18	**Physik**	Erscheinungen, Zustandsänderung in Mechanik, Wärme, Atome usw.	
19	**Recht & Politik**	Gesetze in Gemeinschaft & Staatliches Planen und Handeln	
20	**Religion & Theologie**	Göttliches Walten & Systematische Entfaltung von Glaubensaussagen	
21	**Sozialwissensch. & Wirtschaft**	Leben in der Gesellschaft & Befrie-digung wirtschaftlicher Bedürfnisse	
22	**Schrift & Sprachen**	Zeichen-Systeme, in denen alle Sprachen festgehalten werden	
23	**Sport & Freizeit**	Körperliche und geistige Betätigun-gen & selbstbestimmte Tätigkeiten	
24	**Querschnitt-gebiete**	Gebietsübergreifende Sparten: PC, Internet, Gedächtnis, Astrologie, ...	

III. Kreative Major-Systeme

„Phantasie ist wichtiger als Wissen!"
Albert Einstein

Die im Abschnitt II beschriebenen Mnemotechniken sind die Grundlage für alle kreativen Gedächtnisleistungen.

In diesem Kapitel werden Sie in spezielle Gedächtnis-Systeme – sogenannte „Major-Systeme" eingeführt.
Damit ist es möglich, eine fast unbegrenzte Menge von Gegenständen und Begriffen wahlfrei abzurufen. Außerdem können Sie mit solchen Systemen vielstellige Zahlen und Daten in Terminkalendern, Büchern, Zeitschriften und allen Medien detailliert ordnen, gliedern und sich diese auch mühelos merken.

Das **Grundkonzept aller Major-Systeme** besteht in der Regel darin, die Zahlen **„0", „1", „2", „3" usw. bis „9"** zu codieren und merkfähige **Schlüsselwörter** zu bilden.

Auf den folgenden Seiten sind einige Denkansätze und Strategien skizziert, damit auch **Sie Ihren** optimalen Code finden können.

1. Major-Systeme mit Mnemonik-Systemen

Anhand einer vielstelligen Zahl, werden Sie schnell das Prinzip erkennen, wie Sie mit den Ihnen bekannten Mnemotechniken sofort solche Aufgaben bewältigen können.

1	0	1	4	9	9	1	3	8	8	5	4	1	1	1	2	6	6	7

A) Spezieller Major-Code aus dem Zahl-Form-System

Hier arbeiten Sie mit Bildern von „1“ bis „9“ und der „0“ (z. B. eine Kugel usw.). Siehe Abschnitt II, Kapitel 3.
Verwenden Sie beim Zahlen-Merken 2stellige Zahl-Form-Codierungen, so ergibt sich z. B. folgende Geschichte für unsere Test-Zahl:

Sie holen als Begrüßung sportlich dynamisch mit einem Baseballschläger („10“) aus, denn auf Ihrem Bürostuhl („14“) macht sich gerade ein Fremder breit, der genüßlich sein Eis („99“, siehe Einstein-Beispiel) schleckt.
Die Person fühlt sich jedoch durch Ihren Holzprügel in ihrer Ruhe dermaßen gestört, daß diese mit einer „rechten Geraden“ (Boxhandschuh = „13“) antwortet, Ihnen einen Knopf (Zahl-Form „Knopf mit 4 Löchern“ = „88“) von Ihrer Jacke abreißt und zusätzlich eine Bombe („54“, siehe Einstein-Beispiel) hochgehen läßt. Aufgrund dieser etwas überzogenen Reaktion gehen Sie erschüttert in den Dom („11“) und beten für diese arme Seele so lange, bis die KirchturmUHR („12“) laut 12 Uhr schlägt.
Danach eilen Sie erleichtert in Ihr Büro zurück, bieten dem immer noch erzürnten Fremden 2 Kirschen („66“) zur Beruhigung an und fordern ihn höflich mit einer Sense („7“) auf, nun endlich Ihr Büro aufzuräumen.

B) Ihr eigenes flexibles Zahlen-System mit Zahl-Form-Bildern

Diese Ersatzsymbole für „0“ bis „9“ sollten jeweils eindeutig einem bestimmten Bereich zugeordnet sein. In nachfolgender Tabelle ein möglicher Vorschlag:

0	**Kugel**	**rund, Sport, ...**
1	**Kerze**	**Licht, Wärme, Energie, Kraft, Kälte, Tod, ...**
2	**Schwan**	**Fliegen, Tiere (die fliegen können), ...**
3	**Dreizack**	**Wasser, trinken, essen, ...**
4	**Glücksklee**	**Natur (ohne Lebewesen und ohne Wasser)**
5	**Hand**	**Mensch, geistige Handlung, ...**
6	**Schnecke**	**Land-Tiere, ...**
7	**Sense**	**Werkzeuge, ...**
8	**Achterbahn**	**Fahrzeuge, Transport, Bauten, ...**
9	**Trillerpfeife**	**Musik, Kunst, Spiel, Zauberei, ...**

Mit dieser Mnemotechnik können Sie fast beliebig viele Gegenstände, Beschreibungen davon und Aktionen für jede Ziffer bekommen.

Für unsere **19stellige Test-Zahl** könnten Sie durch „Beschreibung eines Gegenstandes oder seiner Hülle“, durch den „Gegenstand selbst“ und durch die „Aktion mit demselben oder nächsten Objekt“ eine mit 3stelligen Zahlen memorierte Bildergeschichte aufbauen. Bei dieser Technik konzentrieren Sie sich auf ein bestimmtes Thema (z. B. Fußball) und erfinden dann zu den Zahlen eine passende Bildergeschichte, wie zum Beispiel jene Geschichte in der Randspalte.

Feurige (1)
Fußballer (0)
brillieren (1)
auf dem Rasen (4)
mit ihrer Spielkunst (9).
Sie verzaubern (9)
heißblütig (1)
wie im Rausch (3)
die schwindelig (8)
gespielte, hin- und hergejagte, (8)
gegnerische
Mannschaft (5).
Diese bäumt (4)
sich ganz offensichtlich (1)
mit aller Kraft (1)
gegen das vorzeitige AUS (1) auf.
Die Lufthoheit (2)
der anderen
macht jedoch die
überalterten
Dinos (6)
zur Schnecke (6),
die sich nur durch
Umsensen (7)
wehren können.

C) Major-Codes aus Raum-System oder aus einer Kombination

Diese können nicht nur als Anker-Systeme, sondern auch als „Schlüsselwörter“ dienen. Wenn Ihr „Wohnzimmer“ das 1. System wäre, dann sind die ersten 2 Ziffern in der vorigen Test-Zahl unsere „Deckenlampe“ (=10). Hätten Sie die Stellen „11 bis 40“ mit dem 30stelligen Tier-Alphabet belegt, dann ist die 14. Stelle der „Dino“ (=14). Die ersten 4 Ziffern („1 0 1 4 ...“) dieser Test-Zahl wären die zwei verknüpften Bilder „von einer Deckenlampe springt ein Dino ...“

2. Major-Systeme mit Buchstaben

Die Technik der komprimierten Major-Codes fördert zusätzlich Ihre **Sprachbegabung** und Ihren aktiven Wortschatz. Besonders wichtig ist, daß **Sie** sich auch hier für den Buchstaben-CODE entscheiden, der Ihrem Lern- und Gedächtnistyp entspricht.

A) Major-Code mit Vokalen und Konsonanten

Ein besonders kurzer und einprägsamer Code wären zum Beispiel die ersten Buchstaben des Alphabetes, also an 1. Stelle „A=1", „B=2", „C=3", „D=4", „E=5", „F=6", „G=7", „H=8" und „I=9" und als Ausnahme für die Zahl Null das „O=0" (sieht aus wie eine Null). Die restlichen Buchstaben zählen in diesem Code nicht. Wenn Sie sich primär auf die Anfangsbuchstaben von Personennamen oder Abkürzungen konzentrieren, dann wären die ersten 4 Ziffern („1014...") unserer Test-Zahl z. B. **A**(ristoteles) **O**(nassis) begießt **A**(lbrecht) **D**(ürer) mit Öl ...

B) Major-Code mit Konsonanten

Diese **besonders flexible Variante** der Major-Codes bezeichnet man auch als ERKO-Code. Sie benutzen meist nicht nur einen (1) Konsonanten (=Mitlaut) bei der Zuordnung von bestimmten Buchstaben zu einer Zahl, sondern **zusätzlich mehrere ERsatz-KOnsonanten. Vokale (=Selbstlaute) zählen nicht,** Doppelkonsonanten immer als eine einstellige Zahl. Bei kombinierten Wörtern oder Wortteilen zählt jeder Konsonant (Schiff-fahrt = ... 88 ...).

Achten Sie bei der **Festlegung IHRES ERKO-Codes** darauf, mit welchem Konsonanten Sie sofort – ohne überlegen zu müssen – eine bestimmte Zahl assoziieren. Schreiben Sie meistens in Großbuchstaben, dann werden Sie von der Form des „G" an die Zahl „6" erinnert oder bei „B" am ehesten an die „8". Andererseits könnte Sie der handschriftliche, kleingeschriebene **Buchstabe „f" aufgrund der 2 Schleifen noch schneller an die Zahl „8"** erinnern.

Ersatzkonsonanten sind aufgrund der Klangähnlichkeit „ph“, „v“ und „w“. Sogar „pf“ wäre eventuell mit der Zahl „8“ zu assoziieren, wenn Sie als auditiver Lerntyp bei „Kopf, Topf“ usw. primär das „f“ und nicht das „p“ hören.

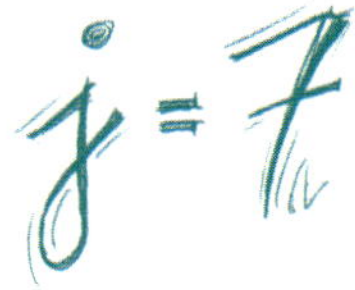

Sehen Sie für sich selbst irgendwelche Verwechslungsmöglichkeiten, dann verwenden SIE solche Konsonantenverbindungen in Ihrem persönlichen Major-Code jedoch nicht!

Schreiben Sie vorrangig in **kleinen Buchstaben,** dann sehen Sie beim Buchstaben „g“ am ehesten die Zahl „9“, bei „b“ die Zahl „6“. Ist Ihre Muttersprache **Deutsch,** so assoziieren Sie bei dem Buchstaben „Z“ wahrscheinlich „Zwei = 2“. Gleiche Überlegungen gelten auch bei den restlichen Buchstaben.

Wählen Sie Ihren Major-Code so, daß er Ihnen über den Lautcharakter und/oder die Buchstaben-Form die schnellste und sicherste Assoziation zwischen Konsonanten und Zahlen liefert!

Nachstehend ein tabellarischer Vorschlag für einen Major-Code:

Zahl	Vorschlag	Ersatzkonsonanten	Ihre Wahl
0	n	x	
1	t	d, th	
2	z	**s, ß,** weiches **c, tz**	
3	m	**h** (nur am Wortanfang)	
4	r		
5	l		
6	b	p	
7	j	tsch, sch, sh, ch	
8	f	v, w, ph, pf	
9	g	**q, k, ck,** hartes **c**	

Sie können diesen Major-Code direkt übernehmen, oder Sie formen Ihn um, beschneiden oder erweitern ihn für Ihre optimalen Assoziationen!
Mit solchen Major-Codes können Sie sich auch „emotional“ auf ein Thema oder eine Person konzentrieren.

Versuchen Sie, verschiedene Wörter in der Zahlenkolonne unserer Testzahl zu finden und Satzteile zu bilden, die etwas mit dieser wirksamen Mnemotechnik zu tun haben. So könnte die Zahlen-Gruppe 4991 zum Beispiel zwar folgendermaßen codiert sein: er guckt, Reh quiekt usw. In unserem Fall bietet sich jedoch das Wort Erko-Code an. Durch ihn in Perfektion (im ff) kommt erst richtig Farbe (Teint) oder Musik (Die Note) in die Mnemotechnik. Die Praxis zeigt (Lehrt), daß wir diesen Code selbst üben müssen (tut es) – und zwar mit diesem „Buch" (Memory Power):

„Die Note! Erko-Code im ff lehrt: Tut es! (mit diesem) Buch"

Erfinden Sie nun bitte für Ihre Telefon- und Faxnummern, Ihre Kontonummer und Bankleitzahl einen **„Mega-Satz":**

....

....

....

....

Je häufiger Sie diese Mnemotechnik trainieren, umso schneller werden Sie zum sprachgewandten „Major-Code-Artisten".

Hiermit verbinden Sie auch intensives Gehirnjogging mit kreativen Wortfindungen und Satzschöpfungen. Für jede Zahl gibt es x Schlüsselwörter: z. B. „01" = Note = Nut = Niete usw.

Vorschlag für ein mögliches Major-System (mit dem Major-Code von Seite 101):

Basis-Schlüsselwörter von 0, 00, ... , 100

0	**Noah**	**5**	**Leo**	**00**	**Nonne**	**05**	**Nil**
1	**Auto**	**6**	**Bau**	**01**	**Note**	**06**	**Nabe**
2	**Zeh**	**7**	**Schuh**	**02**	**Nase**	**07**	**Nische**
3	**Mai**	**8**	**Fee**	**03**	**Name**	**08**	**Nova**
4	**Reh**	**9**	**Gau**	**04**	**Narr**	**09**	**Nocke**

10 Tanne	**33 Mumie**	**56 Lippe**	**79 Scheck**
11 Tod	**34 Mauer**	**57 Leiche**	**80 Fön**
12 Tasse	**35 Mühle**	**58 Lava**	**81 Foto**
13 Damm	**36 Mappe**	**59 Liege**	**82 Faß**
14 Tür	**37 Moschee**	**60 Piano**	**83 Feme**
15 Tal	**38 Möve**	**61 Bett**	**84 Fähre**
16 Dieb	**39 Mücke**	**62 Bus**	**85 Falle**
17 Dach	**40 Rinne**	**63 Baum**	**86 Wabe**
18 TV	**41 Ratte**	**64 Bär**	**87 Fisch**
19 Dogge	**42 Rose**	**65 Ball**	**88 Waffe**
20 Sonne	**43 Rom**	**66 Baby**	**89 Waage**
21 Zeit	**44 Rohr**	**67 Buch**	**90 Kino**
22 SOS	**45 Rollo**	**68 Puff**	**91 Gott**
23 Zoom	**46 Rabe**	**69 Puck**	**92 Kasse**
24 Zar	**47 Rausch**	**70 Schnee**	**93 Gummi**
25 Ziel	**48 Riff**	**71 Schutt**	**94 Kür**
26 Sieb	**49 Reck**	**72 Schatz**	**95 Kehle**
27 Zeche	**50 Liane**	**73 Schaum**	**96 Kappe**
28 Seife	**51 Lotto**	**74 Schere**	**97 Koch**
29 Säge	**52 Lasso**	**75 Schule**	**98 Kaffee**
30 Mine	**53 Leim**	**76 Schippe**	**99 Geige**
31 Matte	**54 Lore**	**77 Schach**	**100 Daunen**
32 Mieze	**55 Lolly**	**78 Schaf**	

Eine Tanne (=10) fällt um und knallt so stark gegen eine Tür (=14), daß ein dahinter stehender Geigenspieler (=99) auf einen Damm (=13) geschleudert wird Wütend zieht dieser seine Waffe (=88) und ...

Setzen Sie fort!

Der Anfang unserer 19stelligen Test-Zahl ergibt mit den Schlüsselbildern dieser Major-Code-Tabelle die Bildergeschichte in der Randspalte, aus 10 Einzelbildern (9 x eine 2stellige und 1 x eine einstellige Zahl).

Testen Sie doch Ihre Wortfindungs-Möglichkeiten, indem Sie 3stellige Schlüsselwörter bis 1000 erfinden:

101 = Tinte = Tante = Tunte = Tand usw.

102 = Dinos = Tanz = Denise = Tennis usw.

103 = ...

Tages- und Wochenkalender, Termine, Geburtstage

Termine:
08.15
Gedächtnistraining
11.45
Heizöl bestellen
13.30
Geschäftsessen
14.25
Zahnarzt
20.00
Nachrichten

Bei Verwendung von Major-Codes können vielfältigste **Termine** innerhalb eines großen Zeitraums (bis zu Jahren!) abgerufen werden. Die 4stelligen Zeiten (z. B. 11.45) können Sie sich in der Regel durch 2stellige Zahlen-Bilder merken. Meistens werden Termine in ganzen Stunden oder in Vierteln unterteilt angegeben.

Bei **„Vierteln"** (etwa 08.15 Uhr) färben Sie das entsprechende Schlüsselbild für die „08" und die damit verknüpfte Tätigkeit, zum Beispiel Ihr denkendes Gehirn **V**eilchen-Blau, ein (Anfangsbuchstabe von **V**iertel), bei **„Halben"** (etwa 13.30 Uhr) das für „13" und alles was Sie essen in **H**ell-Gelb und bei **„Dreivierteln"** (etwa 11.45) das für „11" und das Öl-Auto, den Schlauch, das Öl selbst in **D**unkel-Rot ein. **Ganze Stunden** werden nicht durchgehend eingefärbt. Sie sehen sich also zum Beispiel um 20.00 Uhr „real" oder „grotesk" – aber nicht einheitlich eingefärbt – vor dem Fernseher sitzen. Bei **„krummen" Terminen** setzen Sie noch ein kleines Major-Code-Bild in das große Bild der ganzen Stunde. Zum Beispiel 14.25 Uhr: Sie sehen eine große Tür (=14) auf der eine kleine Ziel (=25) -Scheibe mit Zähnen angenagelt ist.

Bestimmte Termine in der Woche können Sie einfach mit Tagesterminen verknüpfen. Dazu numerieren Sie die Wochentage von 1 (Sonntag) bis 7 (Samstag) durch und wählen jeweils ein Major-Code-Bild. Wenn Sie z. B. auf einem Reh (= 4 = Mittwoch) durch unsere bekannte Tür mit Zielscheibe reiten, dann wissen Sie Ihren Zahnarzttermin am Mittwoch um 14.25 Uhr.

Wollen Sie sich z. B. merken, daß der Komponist Ludwig van Beethoven am 17. 12. 1770 geboren wurde, dann reicht folgendes Mega-Bild aus: „Ein Mann erklimmt von einem Blumenbeet im Hof (Beethoven) mit einem Schnuller im Mund (Geburtstag) ein Dach (= 17) und schüttet aus einer Tasse (= 12) schwarze Tusche (= 17) in den Schnee (= 70)."

Anhand unseres Standardbeispiels **„EU-Staaten"** wurden schon verschiedenste Mnemotechniken erläutert. Mit Major-Codes können Sie in Kombination mit diesen Grundlagen-Techniken schnell die

Im Mai 1998 hatte Deutschland 82 Millionen Einwohner, eine Gesamtfläche von 357.000 km, der Index des BIP/Kopf ist 110, die Hauptstadt Berlin hat 3,44 Millionen Einwohner.
Mit diesem Mega-Bild werden Sie diese Daten **nie** mehr vergessen!

wichtigsten Daten aller EU-Staaten lernen. Wenn Sie nun diese Daten und Reihenfolgen auch noch mit den entsprechenden Zahlen unterlegen und eventuell mit weiteren Informationen ergänzen wollen, so ist das mit Major-Systemen kein Problem.

Sie sehen ein riesiges Faß (82), auf dessen Rand ein blaue Kerze (=1. Stelle Einwohner) aufgepfropft ist (Einwohnerrangfolge und zugeordnete Einwohnerzahl in Millionen) und das bis zum Rand mit Milch (357) gefüllt ist. In dem Faß läßt der deutsche Motor-Erfinder Diesel (Anfangsbuchstabe „D" 4. Stelle im Alphabet und in EU-Staatenflächen) das Brandenburger Tor schwimmen (Flächen-Rangfolge und zugeordnete Quadratkilometer in Tausend). Ein stahlharter, riesiger Titan (110) überschüttet alles mit Bier (=4. Stelle BIP/Kopf). Gleichzeitig taucht ein Maurer (344) einen kleinen Bären (Bär für die Hauptstadt Berlin und 344 für 3,44 Millionen Einwohner) in die Milch ein. Als Datums-Memo: Ein kleiner MAI-Baum mit Kopf (98).

Im Anhang können Sie dieses Erfinden von Mega-Bildern mit den Daten der anderen EU-Staaten üben.
Im geplanten Buch „Memory Power 2" werden die Major-Systeme umfassend behandelt.

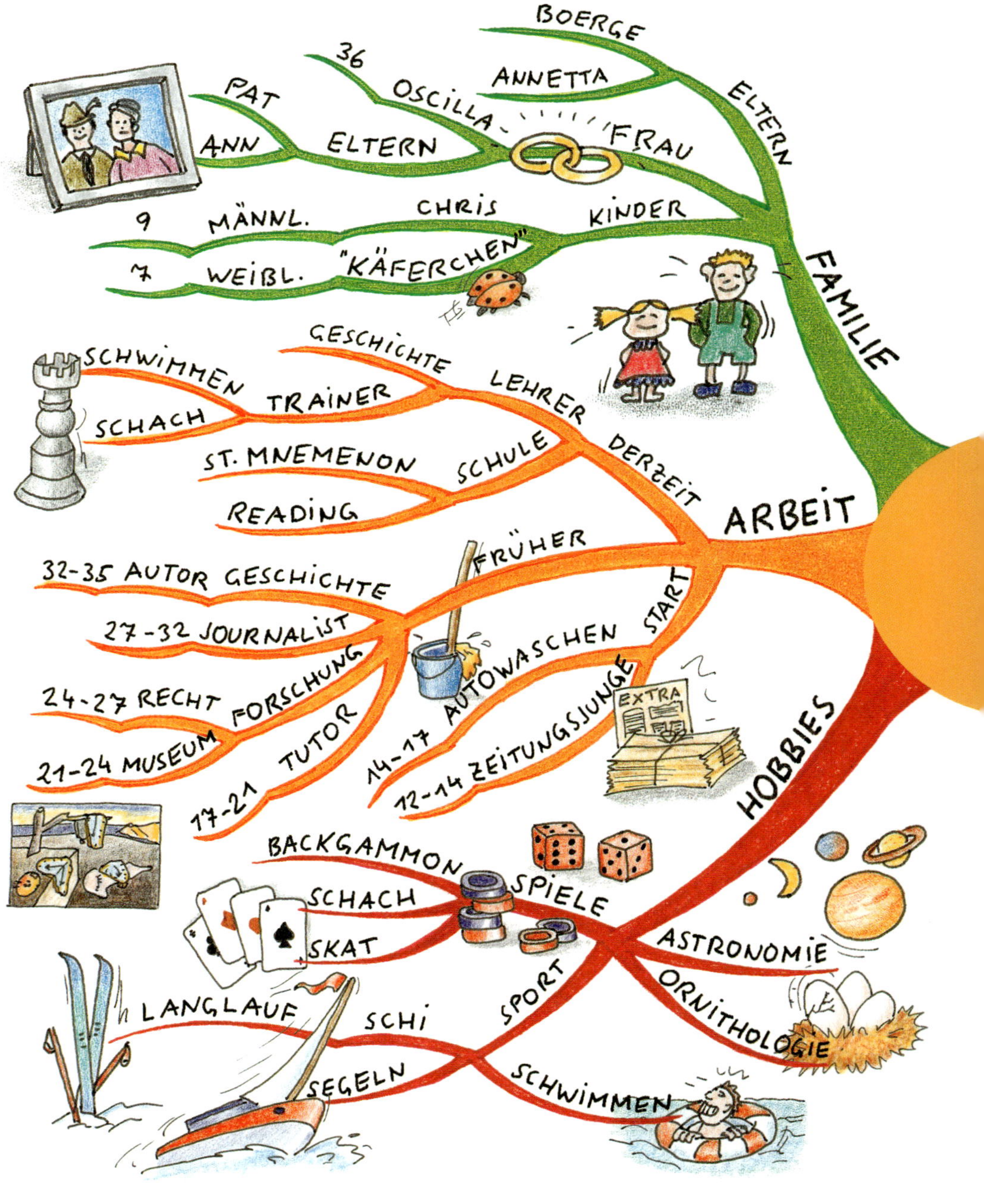
FAMILIE
ELTERN
BOERGE
ANNETTA
FRAU
36
OSCILLA
ELTERN
PAT
ANN
KINDER
CHRIS
9
MÄNNL.
7
WEIBL.
"KÄFERCHEN"
ARBEIT
DERZEIT
LEHRER
GESCHICHTE
TRAINER
SCHWIMMEN
SCHACH
SCHULE
ST. MNEMENON
READING
FRÜHER
32-35 AUTOR GESCHICHTE
27-32 JOURNALIST
FORSCHUNG
24-27 RECHT
21-24 MUSEUM
TUTOR
17-21
START
AUTOWASCHEN
14-17
12-14 ZEITUNGSJUNGE
EXTRA
HOBBIES
SPIELE
BACKGAMMON
SCHACH
SKAT
ASTRONOMIE
ORNITHOLOGIE
SPORT
SCHI
LANGLAUF
SEGELN
SCHWIMMEN

IV. Mind Mapping®

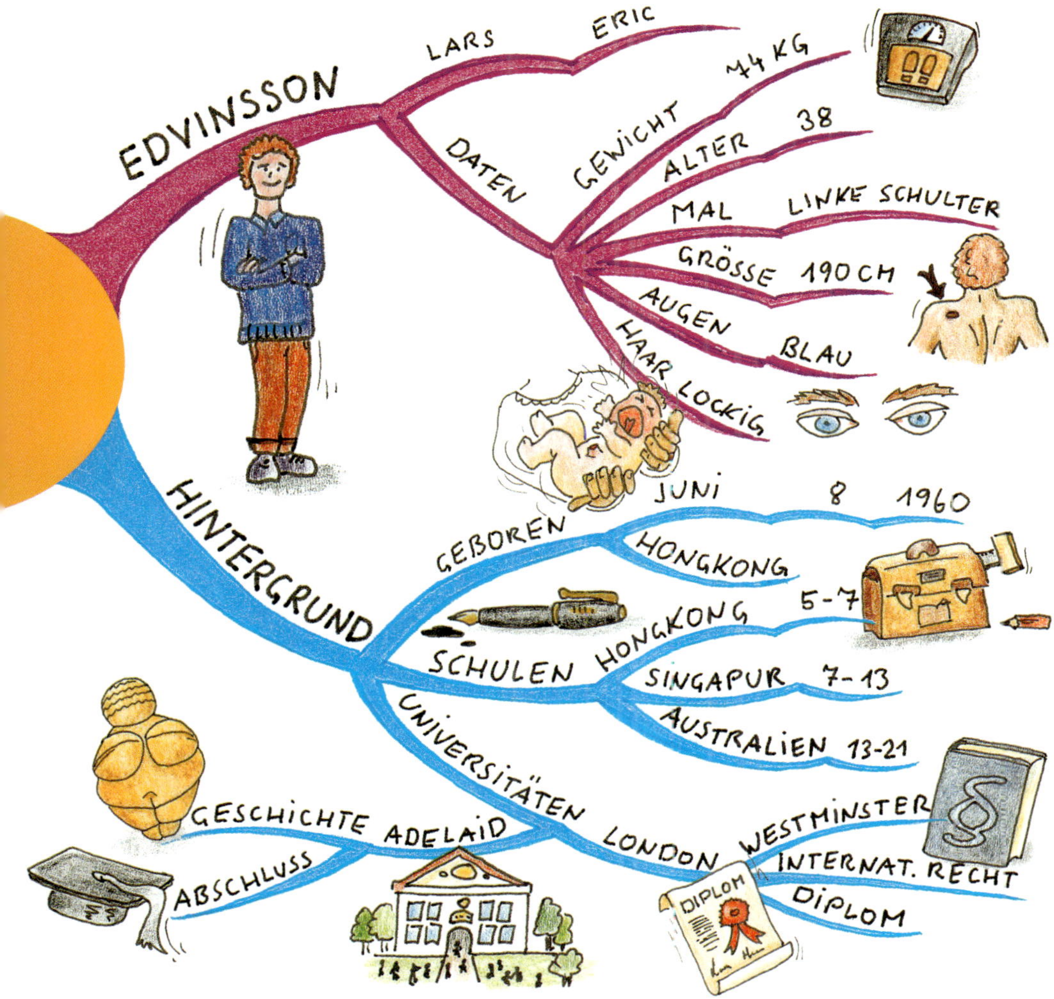

1. Mind Maps® – eine Methode für Memory-Profis

Im folgenden Kapitel beschreibt **Tony Buzan**, der Erfinder von **Mind Mapping**®, Schritt für Schritt die Entwicklung seiner bahnbrechenden Methode. Buzan zählt zu den weltweit führenden Experten auf dem Gebiet der effizienteren Nutzung des Gehirns und der Gedächtnis-Techniken.

Nutzen Sie beim Lesen von Buzans Bericht die Gelegenheit, diesen mit Ihren eigenen Erfahrungen mit Lernprozessen und dem Gedächtnis zu vergleichen. Notieren Sie sich jene Informationen, von denen Sie glauben, daß Sie Ihnen für die Verbesserung Ihres Erinnerungsvermögens von Nutzen sein könnten. Vielleicht regt Buzans Beschreibung Sie ja auch dazu an, darüber nachzudenken, welche Memorier-Technik Sie unter denselben Voraussetzungen selbst entwickelt hätten.

2. Die Entstehung von Mind Mapping®

Meine Geschichte beginnt bereits im Kindergarten. Wie alle Kinder, war ich von **Farben** fasziniert und wie die meisten, freute ich mich schon darauf, bald schreiben zu lernen, war zugleich aber auch etwas ängstlich. Diese Fähigkeit zu Schreiben erschien uns als etwas ganz Besonderes, fast schon als etwas Magisches.

Zuerst gefiel es mir sehr gut, große Buchstaben in verschiedenen Farben auf Papier zu malen. Nach und nach hatte ich aber immer weniger Spaß daran, denn meine Lehrer wollten, daß wir immer kleiner schreiben. Unsere Schrift sollte „ordentlich“ aussehen und Papier gespart werden. Wir übten unzählige Male denselben Buchstaben zu schreiben, bis wir es endlich „richtig“ machten.

Als ich das Alter von sieben Jahren erreichte, war meine Schrift dann sozusagen „hinter Gittern“ – den Linien auf den Seiten – eingesperrt. Zudem durften wir nur mehr eine einzige Farbe verwenden und zwar **blauschwarze Tinte**. Ich begann, das zu verabscheuen, was ich zuvor gemocht hatte.

Mit der Zeit wurde ich dann in der Schule noch mit einem weiteren Problem konfrontiert: Obwohl ich während des Unterrichts eifrig **Notizen** gemacht und gedachte hatte, ich hätte alles verstanden, konnte ich mich dann bei Prüfungen oft an vieles nicht mehr erinnern. Damals war mir unverständlich, weshalb etwas zu verstehen nicht gleichbedeutend damit ist, sich auch daran zu **erinnern**.

Die Jahre vergingen und meine Notizen wurden immer „ordentlicher“ und umfangreicher. **Meine Probleme in der Schule wurden dadurch aber nur größer.** Je mehr Notizen ich gemacht hatte und je mehr Fächer ich erlernen mußte, mit desto mehr „geistigen Bällen“ mußte ich zur gleichen Zeit jonglieren.
Bei Prüfungen versuchte ich verzweifelt, Informationen zu finden oder zu „lokalisieren“, von denen ich wußte, daß sie in meinen Mitschriften enthalten waren. Es machte mich ärgerlich, daß es mir aus unerklärlichen Gründen nicht gelang, die Daten und Fakten im richtigen Moment im Kopf zu haben.

Die ersten Gedächtnis-Prinzipien

Wie alle Schüler entwickelte ich Strategien, die mir dabei helfen sollten, den Stoff leichter zu erlernen. Ich begann damit, die Titel und die Zwischentitel sowie einzelne, besonders wichtige **Schlüsselwörter zu unterstreichen.** Das erwies sich als sehr hilfreich.
Mit elf Jahren hatte ich damit eines der ersten, wichtigen Gedächtnis-Prinzipien entdeckt: die Hervorhebung jener Dinge, die keinesfalls vergessen werden dürfen.

In meinen letzten Schuljahren hatten der Umfang und die Komplexität des Lernstoffes noch weiter zugenommen, dasselbe traf auch auf

meine Notizen zu. In dieser Zeit brach ich ein anderes „Tabu“ an unserer Schule und **begann instinktiv wichtige Informationen rot zu unterstreichen.** Damit nutzte ich eine weitere, wichtige Voraussetzung zur Steigerung der Gedächtnisleistung.
Die Verwendung verschiedener Farben verstärkt das Erinnerungsvermögen sowohl während, als auch nach dem Lernprozeß.

Üblicherweise wird der Gebrauch von **Farben** bei älteren Schülern und später auch an der Universität jedoch oft als „unreif“ betrachtet. Wer so denkt, sollte sich jedoch zunächst einmal fragen, welche Altersgruppe von sich aus am häufigsten unterschiedliche **Farben** für ihre „Aufzeichnungen“ benutzt?

Die Antwort lautet natürlich **Kinder,** und diese sind gleichzeitig auch viel besser in bezug auf Erinnerung und Lernvermögen als Erwachsene. Nicht etwa deshalb, weil Kinder über ein höheres geistiges Potential verfügen, sondern einfach weil sie ihr Gehirn von Natur aus so benützen, wie es seiner Funktionsweise am besten entspricht. **Kinder haben noch nicht so viele unnütze Regeln und Einschränkungen verinnerlicht, die den Gebrauch des Gedächtnisses behindern, statt ihn zu fördern.**

Die Universität

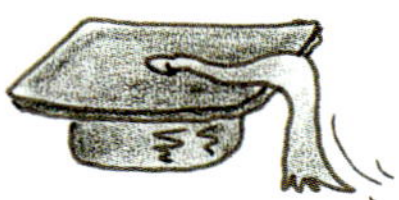

Kurz vor meinen ersten **Prüfungen an der Universität** war ich dann plötzlich mit einer noch größeren Menge an persönlichen Notizen und anderen Aufzeichnungen konfrontiert. Ich sah, daß ich auf keinem Fall in der Lage sein würde, den ganzen Stoff noch rechtzeitig zu erlernen. Nach Art vieler Studenten in dieser Situation verfiel ich in leichte Panik und nutzte meine Zeit erst recht nicht zum Arbeiten.

Stattdessen erfand ich stets neue Entschuldigungen, warum ich gerade jetzt nicht lernen könne. Beispielsweise, weil ich momentan besonders dringend eine kurze Rast, eine Getränk oder etwas zu essen benötigte. Ich machte zur Erholung zwischendurch kleine Spaziergänge und schaute aus dem Fenster oder den attraktiven Studentinnen hinterher, die meist ähnlichen Betätigungen nachgingen wie ich.

Doch Not macht erfinderisch, und so entdeckte ich schließlich eine **nützlichere Strategie** für mich, die von vielen Studenten eingesetzt wird: **den Schwindelzettel.** Ich sah meine Notizen nochmals durch und suchte nach „dem Wesentlichen des Wesentlichen". Ich verwendete nur die Schlüsselwörter und -formulierungen, die ich unterstrichen hatte und konnte dadurch hundert Seiten auf nur zehn zusammenfassen.

Doch das war immer noch zu viel und ich reduzierte meine Notizen auf die „Essenz des Wesentlichen vom Wesentlichen". Dadurch hatte ich zuletzt fünf bis zehn kleine Kärtchen mit allen wichtigen Informationen. Ich trug sie ständig bei mir, um jederzeit den Stoff wiederholen zu können. Bei Prüfungen stellte ich zudem fest, daß es mir auch aus dem Gedächtnis heraus leichter fiel, die Informationen auf den Kärtchen zu „lokalisieren". Diese Methode war also schon relativ effizient, aber weit davon entfernt, perfekt zu sein.
Manchmal vergaß ich nach wie vor auf ganze Teilbereiche oder Ketten wichtiger Informationen.

Verbesserung der Erinnerung während des Lernens

In meinem Abschlußjahr an der Universität begann ich, Studienanfänger in Psychologie zu unterrichten. Eines Tages war mein Thema dabei das Erinnerungsvermögen während des Lernens. Der wichtigste Inhalt meines Vortrags waren jene vier Aspekte, die das Erinnerungsvermögen erhöhen.

Am besten werden jene Dinge und Begriffe behalten, die

- **am Beginn einer Lernperiode einstudiert werden,**
- **am Ende eines Lernvorgangs eingeübt werden,**
- **in irgendeiner Weise hervorgehoben sind**
- **oder in irgendeiner Weise mit anderen bedeutsamen Dingen oder Begriffen assoziiert oder verknüpft sind.**

Während ich darüber mit **monotoner Stimme** aus meinen umfangreichen linearen Notizen vorlas – wie es leider die meisten Vortragenden machen – waren die Zuhörer eifrig bemüht, dementsprechende Mitschriften anzufertigen.
Plötzlich wurde mir dabei klar, daß ich eigentlich genau das Gegenteil von dem machte, was der Inhalt meines Vortrags war. Deshalb wollte ich mich nun bemühen, die vier Hauptaspekte zur Erhöhung des Erinnerungsvermögens in Zukunft auch in der Praxis umzusetzen.

Daß die am Beginn und am Ende einer Lernperiode einstudierten Dinge besser behalten werden, erwies sich bei genauerer Überlegung zudem als Teilaspekt des Prinzips der Hervorhebung.
Somit waren also nur zwei wesentliche Grundsätze zu berücksichtigen um das Erinnerungsvermögen während des Lernens zu verstärken: **die Assoziation und die Hervorhebung.**

Ich fragte mich damals, welche Methoden ich nun im Unterricht einsetzen könnte, um den Studienanfängern auf Basis dieser beiden Prinzipien das Lernen zu erleichtern. Nachdem ich diese für meine Vorträge verwendete, waren auch sie bald in der Lage, sich besser an den Stoff zu erinnern.

Nach und nach wurde mir dann klar, daß dieselben Methoden auch dafür benutzt werden könnten, Notizen zu machen. Denn diese sind ja ebenfalls dafür gedacht, der Erinnerung auf die Sprünge zu helfen.
Es wird hilfreich für Sie sein, sich an dieser Stelle Gedanken darüber zu machen, wie Sie selbst Notizen unter diesen Voraussetzungen interessanter gestalten würden. Im Leerraum unten können Sie all jene Dinge aufschreiben, die Ihrer Meinung nach eingesetzt werden könnten, um die wichtigsten Informationen in Notizen und Mitschriften hervorzuheben:

Hier können Sie all jene Dinge notieren, die verwendet werden könnten, um die wichtigsten Informationen in Notizen und Mitschriften mehr und besser miteinander zu assoziieren, also in Verbindung zu bringen und zu verknüpfen:

Vergleichen Sie Ihre Antworten mit den von mir gefundenen!

Hervorhebung:

Farben, Größe, Dimension,
räumliche Anordnung,
Bilder, Humor, Unterstreichungen,
Großbuchstaben,
verschiedene Schriftarten

Assoziation:

Linien, Pfeile, Symbole,
Farben, Form, Größe, Stil,
räumliche Verbindungen

Netzwerke des Denkens

Was mir jetzt immer noch fehlte, um mein System noch weiter zu verbessern, war eine Möglichkeit, alle Informationen ganzheitlich und übersichtlicher abzubilden.

Doch dann entdeckte ich die wissenschaftlichen Arbeiten von **Dr. Evelyn Wood,** die sich dafür ausspricht, Informationen aus dem „Gefängnis" der linearen Anordnung zu befreien. Stattdessen, so Wood, sollen Notizen in Form von Worten, Satzteilen oder Sätzen angeordnet werden, die von einer zentralen geometrischen Figur, wie beispielsweise einem Kreis, Dreieck oder Quadrat ausstrahlen.

Dieser Ansatz orientiert sich bereits am Ablauf des Denkens. Denn jeden einzelnen Gedanken, sei es nun ein Wort, ein Bild, eine Zahl, ein Geschmack, ein Geruch oder eine Farbe, kann man sich wie **eine kleine Sonne** vorstellen, **deren Strahlen mit verschiedensten anderen Begriffen verknüpft sind.**

Dadurch entstehen ständig riesige geistige Netzwerke. Die komplexen Verbindungen innerhalb dieser Systeme sind bei jedem Menschen völlig anders, sodaß jedes Individuum über eine völlig einzigartige Gedankenwelt verfügt.

Ein weiterer Einfluß, der zur Vollendung meiner Erinnerungstechnik beitrug, waren die Arbeiten von **Dr. Betty Edwards** und der Künstlerin **Lorraine Gill.**

Sie bestätigten mich darin, mein System kreativer zu gestalten.

Denn so wie viele Menschen, war ich zuvor der Ansicht, künstlerisch völlig unbegabt und bestenfalls zur Anfertigung von Strichmännchen in der Lage zu sein.

Edwards' und Gills Studien legen jedoch nahe, daß alle Menschen erlernen können, gut zu zeichnen.

Die Vollendung – Das Mind Map®-System wird fertiggestellt

Schließlich hatte ich mein geistiges Puzzle komplettiert und wußte nun, wie mein System aussehen sollte. Alles was notwendig ist, damit das menschliche Hirn Lernstoff in notierter Form besser erinnert, ist folgendes:

- **die Gesetze zur Verbesserung des Gedächtnisses während des Lernens müssen befolgt werden,**
- **es sollte möglichst einfach und klar gedacht werden, so wie es Kinder und Künstler machen,**
- **die „Zentralstern- und Netzwerk-Prinzipien" der Informationstheorie und der allgemeinen Semantik müssen beachtet werden**
- **und jeder einzelne Mensch muß die Möglichkeit haben, die Informationen auf die ihm entsprechende einzigartige Weise wiederzugeben.**

Sie werden selbst feststellen, daß eine Mind Map® leicht anzufertigen ist. Denn sie ist ein natürlicher Ausdruck der Art und Weise, wie Ihr Gedächtnis und Ihr Gehirn insgesamt funktionieren. Sie ist eine Art „geistige Landkarte", auf der Sie Ihre ganz persönlichen mentalen Netzwerke abbilden können.

Unter Berücksichtigung all dieser Voraussetzungen fand ich fast von selbst zur Entwicklung meiner Mind Map®-Methode. Diese sehr vielseitige graphische Technik ermöglicht jedem Menschen, sein fast unbegrenztes Potential an Erinnerungsvermögen und anderen geistigen Fähigkeiten zu nutzen.

Mind Maps® können im Alltagsleben und im Beruf für alles eingesetzt werden, wo es darum geht, das Gedächtnis zu verbessern, Lernprozesse effizienter zu gestalten sowie das Denken zu vereinfachen und zu präzisieren.

Auf den folgenden Seiten werden wir Ihnen die grundlegenen Mind Mapping®-Gesetze vorstellen, damit Sie auch selbst Mind Maps® herstellen können. Sie werden mehr über die Funktionsweise Ihres Gehirns erfahren und außerdem anhand von zwei Beispielen selbst erkennen, welch äußerst nützliche Gedächtnis-Technik Ihnen nun mit Mind Mapping® zur Verfügung steht.

3. Die Mind Map®-Gesetze

1	Beginnen Sie damit, in der Mitte eines Blattes Papier, ein zentrales **Bild** zu zeichnen. Es soll das Thema, mit dem Sie sich auseinandersetzen wollen, darstellen – z. B. einen bestimmten Stoff, den Sie erlernen wollen, den Inhalt eines Vortrages, den Sie zu halten haben, oder ein Projekt, das Sie in Arbeit haben.
2	Verwenden Sie **Bilder, Symbole, Codes und Dreidimensionalität** in Ihrer Mind Map®.
3	Benutzen Sie nur die wichtigsten **Schlüsselwörter und -begriffe** für Ihre Mind Map® und schreiben Sie diese vorzugsweise in BLOCKBUCHSTABEN auf.
4	**Für jedes einzelne Wort** muß jeweils **eine Linie** angelegt werden.
5	Die Linien müssen **miteinander verbunden** werden, beginnend beim zentralen Bild. Sie sind leicht gekrümmt und „organisch"; jene im Zentrum sind dicker als die anderen.
6	Machen Sie die **Linien ebenso lang wie das Wort** oder Bild, das Sie auf die Linien schreiben oder zeichnen.
7	Verwenden Sie **verschiedene Farben** für die Mind Map®.
8	Entwickeln Sie Ihren ganz **persönlichen Mind Mapping®-Stil.**
9	**Heben Sie wichtige Dinge hervor** und machen Sie Verbindungen und Verknüpfungen zwischen den Begriffen deutlich.
10	Gestalten Sie Ihre Mind Maps® klar und eindeutig. Dies können Sie beispielsweise machen, indem Sie eine kreisförmig von der Mitte ausstrahlende **Hierarchie** schaffen. Die besonders wichtigen Dinge stehen auf den rund um das zentrale Bild angeordneten Hauptästen, die weniger wichtigen auf den dünneren Zweigen, die weiter vom zentralen Bild entfernt sind. Sie können die Mind Map® auch zusätzlich numerisch strukturieren, indem Sie Zahlen zu bestimmten Begriffen schreiben. Durch Rahmen um bestimmte Äste können Sie Ihre „geistigen Landkarten" eindeutiger machen.

4. Wie Sie eine Mind Map® zeichnen*

1	Nehmen Sie ein großes, unliniertes **Blatt Papier** und legen Sie es **quer**.
2	Legen Sie eine Auswahl verschiedenfarbiger **Filz- oder Buntstifte** unterschiedlicher Dicke in Griffweite bereit.
3	Wählen Sie das **Thema oder Problem** aus, das Sie auf Ihrer Mind Map® darstellen wollen.
4	Legen Sie alle Mitschriften, Bücher oder anderen Informations-**Unterlagen,** die Sie vielleicht benötigen werden, griffbereit.
5	Beginnen Sie , das **zentrale Bild** in der Mitte zu **zeichnen.** Auf A4-Papier sollte es ungefähr sechs Zentimeter hoch und breit sein, auf A3-Papier etwa zehn Zentimeter.
6	Verwenden Sie mindestens **drei Farben für das zentrale Bild.** Zeichnen Sie es nach Möglichkeit dreidimensional und sehr ausdrucksvoll. Dadurch können Sie Ihr Erinnerungsvermögen noch mehr unterstützen.
7	Zeichnen Sie die **Hauptäste,** die dem zentralen Bild am nächsten sind, leicht gekrümmt und dicker als die anderen. Verbinden Sie diese Hauptäste direkt mit dem zentralen Bild und plazieren Sie die Hauptthemen darauf, die in etwa Kapitelüberschriften eines Buches entsprechen sollten.
8	Schreiben Sie die zusätzlichen Informationen zu den „Kapitelüberschriften" auf etwas **dünnere Zweige,** die an die Hauptäste anschließen.
9	Verwenden Sie **Bilder statt Worten,** wo immer dies nur möglich ist.
10	Das Bild oder Wort sollte immer auf einem **Ast** oder Zweig von genau **derselben Länge** stehen.

* Vergleichen Sie mit der Mind Map® am Beginn des Abschnitts.

11 Entwickeln Sie Ihrem eigenen Gefühl entsprechend einen persönlichen **Farbcode** um bestimmte Personen, Themen, Dinge oder Daten darzustellen.
Außerdem machen Sie Ihre Mind Map® durch mehr Buntheit schöner und leichter erinnerbar.

12 Fangen Sie alle Ihre **Ideen** und die anderer auf Ihrer Mind Map® ein. Danach können Sie diese Gedanken auch nochmals überarbeiten, reorganisieren und präzisieren sowie eine zweite, noch eindrucksvollere Mind Map® zeichnen.

Bestätigung durch weitere Forschungsergebnisse

Eine andere, wichtige wissenschaftliche Arbeit zeigte beinahe zur selben Zeit als die Mind Map®-Technik „geboren" wurde, deren hohen Wert als Denkmethode, die der Funktionsweise des Gehirns genau angepaßt ist.

In Kalifornien hatte **Dr. Roger Sperry** bewiesen, daß der evolutionsgeschichtlich am spätesten entwickelte Teil des Gehirns, die Großhirnrinde oder Kortex, auch funktionell in zwei große Hemisphären unterteilt ist.
Das etwa 2,5 Millimeter starke Gewebe des Kortex bildet den äußeren Mantel des Gehirns und kann als eine Art „Haube" betrachtet werden, in der zahlreiche Denkvorgänge ablaufen.

Sperry, der für seine Forschungen den Nobelpreis erhielt, zeigte, daß die beiden Hemisphären oder **Hälften der Großhirnrinde** die Basis für zahlreiche besonders wichtige, geistige Fähigkeiten bilden. Im einzelnen umfaßt dies folgendes:

Logik	**Linien**
Zahlen	**Worte**
Analyse	**Rhythmus**
Farben	**Tagträume**
bildliche Vorstellung	**Ganzheitlichkeit oder Gestalt**

Sperrys eigene Forschungen und die anderer Wissenschaftler, die an seinen Erkenntnissen weiterarbeiteten, demonstrieren die große Bedeutung der Integration all dieser geistigen Potentiale. Je intensiver möglichst viele dieser mentalen Fähigkeiten genutzt werden, desto mehr verstärken sie sich gegenseitig und führen zu Verbesserungen auf allen geistigen Gebieten.

Auch die Ergebnisse von Forschungen über die größten Denker verschiedenster Bereiche weisen darauf hin, daß diese **Genies** meistens vielseitig begabt sind. Sie benutzen die gesamte Bandbreite ihrer Intelligenz und sind erst dadurch fähig, in einem, oft auch in mehreren Feldern hervorragende Leistungen zu erbringen. All diese wissenschaftlichen Erkenntnisse sind fast identisch mit jenen, die ich während meiner Arbeit an der Verbesserung des Erinnerungsvermögens beim Lernen und Notizenmachen durch Mind Mapping® gewann.

Wenn Sie eine Mind Map® anfertigen, trainieren Sie nicht nur all Ihre grundlegenden Gedächtnis-Fähigkeiten und Ihr Vermögen, Informationen zu verarbeiten, zu vernetzen und zu organisieren. Sie gebrauchen dabei zugleich auch das ganze Spektrum der oben beschriebenen, besonders wichtigen, geistigen Fähigkeiten der Hemisphären der Großhirnrinde. Mind Mapping® hilft Ihnen dabei, Ihr persönliches Genie zu entdecken und auszudrücken.

5. Gedächtnisübung mit Mind Mapping®

Im Rahmen der ersten **Mindsport-Olympiade,** also eines Wettkampfs für Mentalsportler verschiedenster Disziplinen, wurden 1997 in der Royal Festival Hall in London auch die Gedächtnis-Weltmeisterschaften ausgetragen.

Eine der Aufgaben bestand darin, eine Mind Map®, die den Lebenslauf des fiktiven Mentalsportlers Lars Eric Edvinsson darstellt, möglichst perfekt wiederzugeben. Sie finden diese Mind Map® auf den ersten zwei Seiten dieses Abschnitts.

Ihre Memory-Power-Übung besteht darin, daß Sie sich anhand der Mind Map jeden Aspekt von Lars Erics Leben detailliert vorstellen. Zudem sollen Sie sich ein geistiges Bild davon machen, an welchen Stellen die einzelnen Informationen auf der Mind Map® genau zu finden sind.

Konzentrieren Sie sich dabei auch genau auf die Farben, in denen bestimmte Informationen wiedergegeben sind.

Sobald Sie die Mind Map® geistig erfaßt haben, können Sie versuchen, ein möglichst perfektes Duplikat davon zu zeichnen.

Nachdem Sie dies erledigt haben, können Sie Ihre Mind Map® mit dem Original vergleichen. Wiederholen Sie die Übung so lange, bis Ihre Zeichnung perfekt mit diesem übereinstimmt.

6. Computer und Memory Power

Natürlich kann es für Sie besonders lohnend sein, Mind Maps® zum Inhalt dieses Buches herzustellen. Um Ihnen bei dieser Aufgabe zu helfen, habe ich eine Mind Map über den Inhalt dieses Kapitels und jenen des Einleitungsabschnitts „Die Geschichte der Gedächtnistechniken“ auf den Seiten 122, 123 gezeichnet. Sie zeigt, wie die Entwicklung der Methoden zur Verbesserung des Erinnerungsvermögens letztlich zur Entstehung der Meister-Gedächtnis-Technik Mind Mapping® führte und welche persönlichen Erfahrungen mich dabei bestärkten.

Das Besondere an ihr ist, daß sie an der Tastatur eines Computers erzeugt wurde. Zur Herstellung wurde das neue Mind-Man-Mind-Mapping®-Software-Paket verwendet.

Mind Mapping® am Computer kann verschiedenste Vorteile haben:

- es geht relativ rasch,
- Änderungen können durchgeführt werden, ohne daß die ganze Mind Map® nochmals gemacht werden muß.
- Außerdem sehen Computer-Mind Maps® professionell aus und können sogar per E-Mail versandt werden. Manche machen Mind Maps® trotzdem lieber mit der Hand, weil dies der Zeichnung mehr persönlichen Charakter und Stil gibt.

Die Frage der Computerverwendung löst am besten jeder für sich selbst, indem er überprüft, welche Methode sein Gedächtnis am meisten fördert.

So oder so sollten Sie nun damit beginnen, Mind Maps® zum Inhalt dieses Buches anzufertigen. Dabei gehen Sie am besten kapitelweise vor. Aus den dadurch entstandenen Mind Maps® können Sie schließlich durch Reduktion auf „das Wesentliche vom Wesentlichen“ eine große Master-Mind-Map® von „Memory Power“ anlegen. Dadurch können Sie alles, was Sie beim Lesen und beim Mind Mapping® gelernt haben, mit etwas Übung für sich selbst unvergeßlich machen.

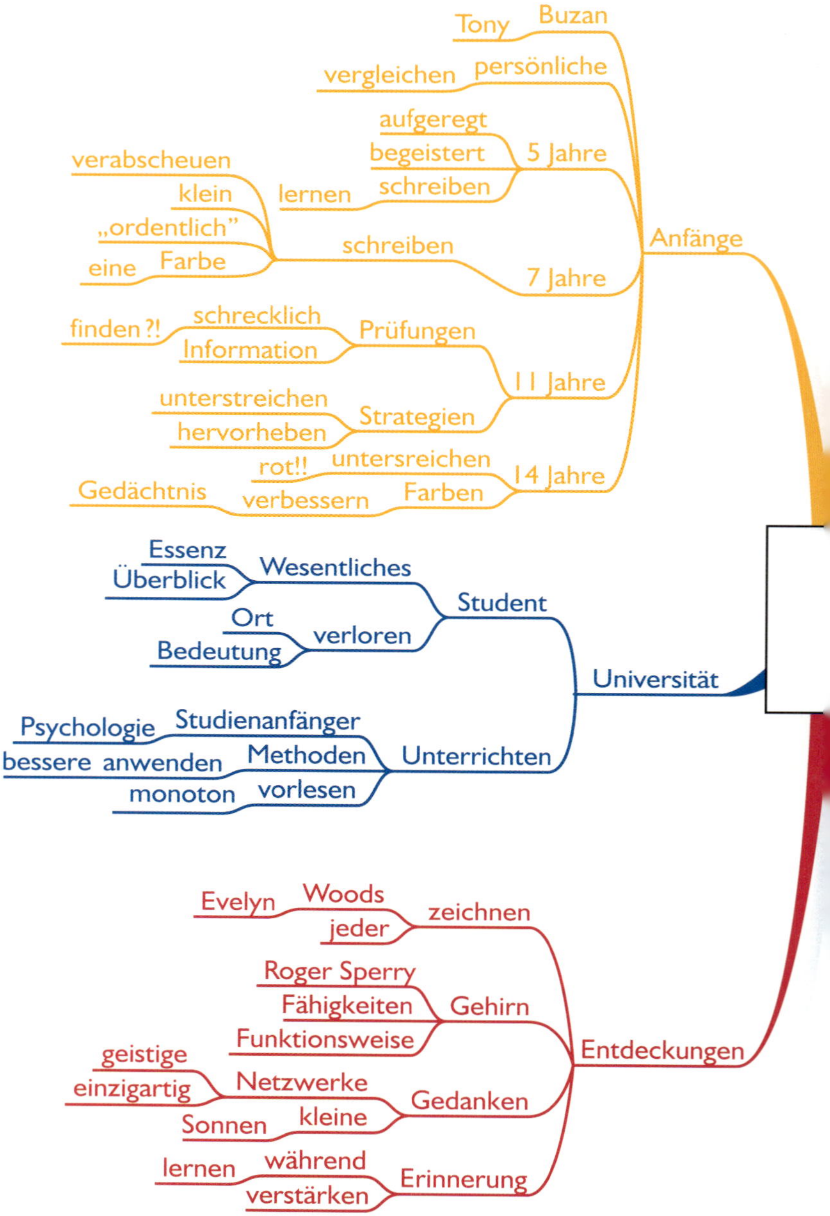
Anfänge
Tony Buzan
vergleichen persönliche
5 Jahre
aufgeregt
begeistert
lernen schreiben
7 Jahre
schreiben
verabscheuen
klein
„ordentlich"
eine Farbe
11 Jahre
Prüfungen
finden ?! schrecklich
Information
Strategien
unterstreichen
hervorheben
14 Jahre
rot!! untersreichen
Gedächtnis verbessern Farben
Universität
Student
Wesentliches
Essenz
Überblick
verloren
Ort
Bedeutung
Unterrichten
Psychologie Studienanfänger
bessere anwenden Methoden
monoton vorlesen
Entdeckungen
zeichnen
Evelyn Woods
jeder
Gehirn
Roger Sperry
Fähigkeiten
Funktionsweise
Gedanken
Netzwerke
geistige
einzigartig
Sonnen kleine
Erinnerung
lernen während
verstärken

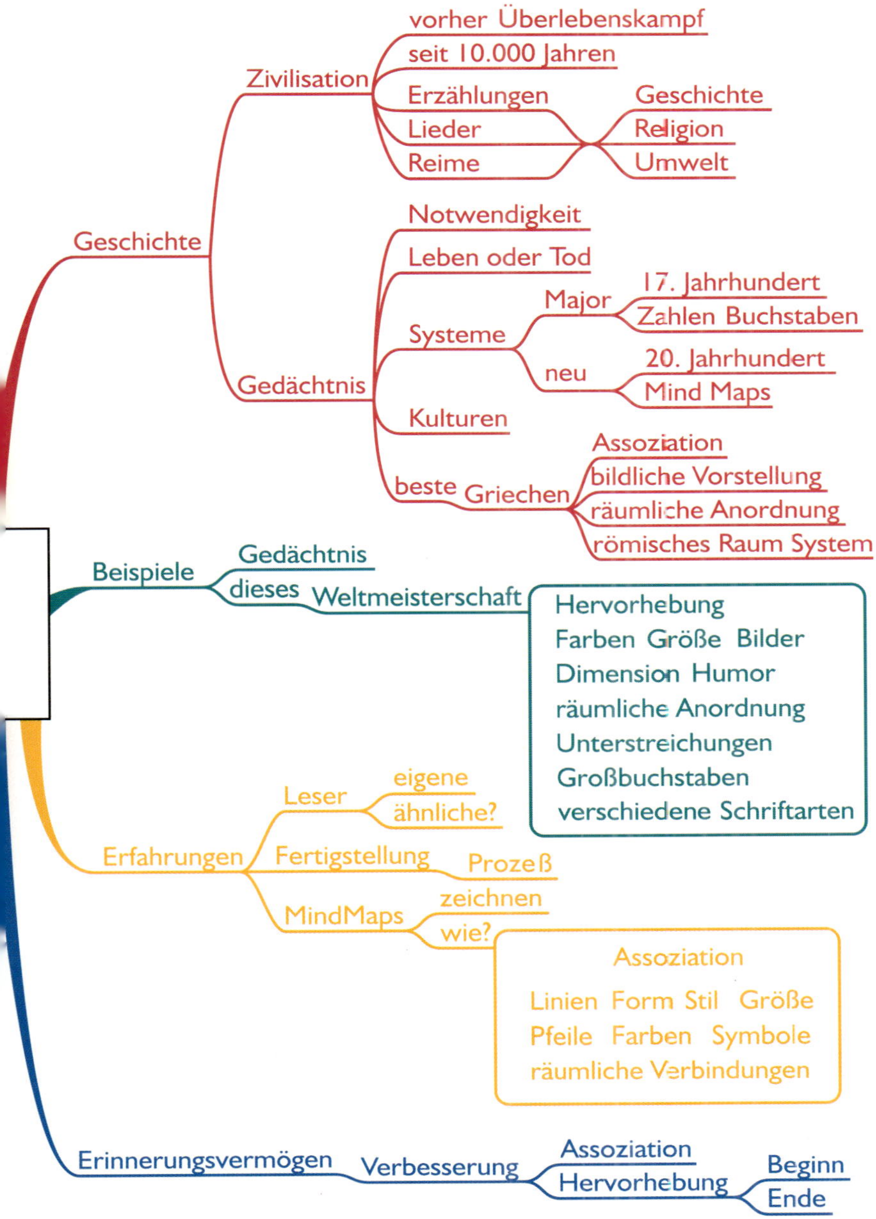
Geschichte
Zivilisation
vorher Überlebenskampf
seit 10.000 Jahren
Erzählungen
Lieder
Reime
Geschichte
Religion
Umwelt
Gedächtnis
Notwendigkeit
Leben oder Tod
Systeme
Major
17. Jahrhundert
Zahlen Buchstaben
neu
20. Jahrhundert
Mind Maps
Kulturen
beste Griechen
Assoziation
bildliche Vorstellung
räumliche Anordnung
römisches Raum System
Beispiele
Gedächtnis
dieses Weltmeisterschaft
Hervorhebung
Farben Größe Bilder
Dimension Humor
räumliche Anordnung
Unterstreichungen
Großbuchstaben
verschiedene Schriftarten
Erfahrungen
Leser
eigene
ähnliche?
Fertigstellung
Prozeß
MindMaps
zeichnen
wie?
Assoziation
Linien Form Stil Größe
Pfeile Farben Symbole
räumliche Verbindungen
Erinnerungsvermögen
Verbesserung
Assoziation
Hervorhebung
Beginn
Ende

Anhang

Die EU in Zahlen

Fläche Rang	EU-Staat	Kurz-zeichen	Fläche in 1000 km²	Einwohner Rang
1	Frankreich	F	544	3
2	Spanien	E	506	5
3	Schweden	S	450	10
4	Deutschland	D	357	1
5	Finnland	FIN	338	13
6	Italien	I	301	4
7	Großbritannien	GB	244	2
8	Griechenland	GR	132	7
9	Portugal	P	92	9
10	Österreich	A	84	11
11	Irland	IRL	70	14
12	Dänemark	DK	43	12
13	Niederlande	NL	42	6
14	Belgien	B	31	8
15	Luxemburg	L	3	15

Die EU in Zahlen (Fortsetzung)

Einwohner in Mio.	BIP/Kopf Rangfolge	BIP/Kopf Index	Hauptstadt	Einwohner in Mio.
58,4	6	108	Paris	9,32
39,7	13	76	Madrid	5,18
8,8	10	98	Stockholm	0,71
82,0	4	110	Berlin	3,44
5,1	11	91	Helsinki	0,53
57,2	8	102	Rom	2,66
58,6	9	99	London	6,93
10,5	15	65	Athen	3,07
9,9	14	67	Lissabon	2,05
8,0	5	110	Wien	1,62
3,6	12	88	Dublin	0,92
5,2	2	114	Kopenhagen	1,36
15,6	7	105	Amsterdam	0,72
10,2	3	114	Brüssel	0,95
0,4	1	169	Luxemburg	0,08

Das Planeten-System in Zahlen

Name	Position	Äquatordurchmesser in km	Mittl. Entfernung zur Sonne in Mio. km	Umlaufzeit um Sonne in Jahren/Tagen
Merkur	1	4 878	58	0 / 88
Venus	2	12 104	108	0 / 225
Erde	3	12 756	150	1 / 0
Mars	4	6 794	228	1 / 321
Jupiter	5	142 796	779	11 / 314
Saturn	6	120 870	1 432	29 / 230
Uranus	7	51 800	2 848	84 / 240
Neptun	8	48 600	4 509	164 / 179
Pluto	9	3 000	5 996	247 / 256
Sonne	10	1 392 520		

Name	Mittl. Umlaufgeschw. Sonne in km/h	Achsenrotation in Tagen/Stunden	Rotationsgeschw. in km/h
Merkur	172 550	58 / 15,0	11
Venus	125 700	243 / 4,0	7
Erde	107 300	0 / 23 h 56 min	1 675
Mars	87 000	0 / 24 h 37 min	868
Jupiter	47 100	0 / 9,9	45 314
Saturn	34 700	0 / 10,6	35 823
Uranus	24 100	0 / 15,6	10 432
Neptun	19 700	0 / 16,0	9 542
Pluto	17 400	6 / 9,4	61
Sonne		27 / 0	6 750

Interview mit der 1. Deutschen Gedächtnismeisterin:

Der schnelle Weg zum Supergedächtnis

Mit nur 30 Stunden Vorbereitung gelang es Helga Zehetmaier sich Gedächtnis-Techniken und Strategien anzueignen, um die am 19. Juli 1997 in Böblingen stattgefundene 1. Deutsche Gedächtnismeisterschaft für sich zu entscheiden.

Wie gelang es Ihnen Gesamtsiegerin zu werden?

Zehetmaier: „Das war alles nur möglich, weil mehrere Punkte optimal aufeinander abgestimmt waren. Ein besonders wichtiger Punkt war, daß Prof. Dr. Wolfram Stanek, der unter anderem MAT- und Gedächtnis-Trainer ist, ein speziell auf mich zugeschnittenes Trainingsprogramm entwickelt hat. Zum einen Gedächtnis-Techniken und Strategien, zum anderen punktgenaue Konzentration und Entspannung, nicht zu vergessen spezielle Bewegung und leicht verdauliches Essen an diesem Tag. So konnte ich den 10stündigen Marathon in Böblingen ohne Leistungstief bestehen."

Sie sprechen von „auf mich zugeschnittenen Gedächtnis-Techniken". War das denn so wichtig?

Zehetmaier: „Absolut entscheidend! Denken Sie doch nur daran, wie viele Bücher es über Gedächtnis gibt und warum ich, ohne vorher eines über dieses Thema gelesen zu haben, gewinnen konnte. Bevor mir Prof. Stanek auch nur eine einzige Gedächtnis-Technik angeboten hat, führte er zuerst mit mir gemeinsam einen ausführlichen Lern- und Gedächtnistyp-Test durch. Erst danach hat er eine spezielle Technik und Strategie für mich entwickelt."

Was sind eigentlich Gedächtnis-Techniken und Strategien?

Zehetmaier: Grundsätzlich kann man sagen, es hat etwas mit Organisation zu tun. Mit Ordnung im Kopf. Unser Gehirn funktioniert wie ein Computer nach dem EVA-Prinzip (= Eingabe – Verarbeitung – Ausgabe). Etwas kommt – über die Sinne (Augen, Ohren usw.) rein (= EINGABE), dann wird es verarbeitet, d.h. ich suche in meinem Oberstübchen, wo habe ich so etwas schon gehört, wo gibt es eine Verbindung, in welcher Schublade gibt es etwas Passendes dazu (=VERARBEITUNG). Wenn nicht, dann muß ich eben selbst etwas daraus machen. Mit mir bekannten Farben, Formen, Bildern, Tönen, Menschen – und vor allem Emotionen verbinden. Jetzt ist die neue Information so verarbeitet, daß ich sie zu einem späteren Zeitpunkt wiedergeben kann (=AUSGABE)."

Ist das nicht alles sehr kompliziert, aufwendig und schwierig?

Zehetmaier: „Es ist ganz einfach! Wenn in Ihrer Tageszeitung ein Konzert von Ihrem Lieblingssänger angekündigt wird, reicht es vermutlich, wenn Sie diesen Artikel einmal lesen. Vermutlich können Sie sich noch nach Jahren an diesen Zeitungsartikel erinnern. Was ist da passiert? Sie haben alle Ihre Sinne, Gefühle und Emotionen reingehängt. Einmal Lesen hat ausgereicht! So einfach ist das!"

Literaturnachweis:

Birkenbihl, Michael: **„Train the Trainer"**, Landsberg: Verlag Moderne Industrie, 1971

Buzan, Tony: **„Nichts vergessen! – Kopftraining für ein Supergedächtnis"**, München: Goldmann Verlag, 1994

Buzan, Tony: **„Kopftraining – Anleitung zum kreativen Denken; Tests und Übungen"**, München: Goldmann Verlag, 1993

Buzan, Tony / North, Vanda: **„Mind Mapping® – Der Weg zu Ihrem persönlichen Erfolg"**, Wien: hpt, 1997

Feichtenberger, Claudia / Zopf, Ivo: **„Lernen mit Musik"**, Wien: hpt, 1997

Hancock, Jonathan: **„Das Gedächtnis der Sieger"**, München: Knaur-Verlag, 1996

Holler, Johannes: **„Das neue Gehirn"**, Paderborn: Junfermann Verlag, 1996

Klapschuweit, Ernst: **„Training für mentale Fitneß"**, Eberberg: VLIESS Verlag, 1997

Kolb, Klaus / Miltner, Frank: **„Gedächtnis-Training"**, Gräfe und Unzer Verlag, 1997

Lehrl, Siegfried / Weickmann, Elisabeth: **„Powertraining fürs Gehirn"**, Augsburg: Augustus, 1997

Markowitsch, Hans J.: **„Neurophysiologie des menschlichen Gedächtnisses"**, Spectrum der Wissenschaft, 1996

O´Brien, Dominik: **„How to develop a Perfect Memory"**, London: Headline Book Publishing, 1993

Staub, Gregor: **„Mega Memory"**, Bergisch Gladbach, birkenbihl-media, 1996